생각하고 **표현**하는
초등 교과서 논술

생각하고 **표현**하는
초등 교과서 논술

초판 1쇄 인쇄 2020년 1월 10일
초판 1쇄 발행 2020년 1월 17일

글 황은희
그림 김은주
발행인 박용범
기획 및 편집책임 김유진
디자인 최유정
발행처 리프레시
신고번호 제2015-000024호
등록일자 2015년 11월 19일
주소 경기도 의정부시 평화로 168번길11, 4층
도서 문의 031-876-9574
이메일 refreshbook@naver.com
ⓒ 황은희, 2020

ISBN 979-11-962230-7-6　73700

* 이 책에 실린 글과 사진의 무단 전재나 복제를 금합니다.
* 하르방 폰트저작권자 오픈애즈, 쿠키런 폰트저작권자 데브시스터즈
* 본문 이미지 출처 프리픽

이 도서의 국립중앙도서관 출판예정도서목록(CIP)은 서지정보유통지원시스템 홈페이지(http://seoji.nl.go.kr)와 국가자료종합목록 구축시스템(http://kolis-net.nl.go.kr)에서 이용하실 수 있습니다.
(CIP제어번호 : CIP2019050754)

생각하고 표현하는 초등 교과서 논술

리프레시

> 들어가는 말

생각의 그릇을 키우는 방법

    아침에 가방을 메고 걸어가는 학생들을 보면 어깨가 축 늘어져 있고 표정이 밝지 않아요. 선생님이 내 준 숙제를 못했을까요? 방과 후 학원에 가서 또 공부할 생각에 마음이 무거울까요? 아니면 친구에게 자신의 마음을 제대로 전달하지 못해서 속상한 것일까요?

    등굣길에는 친구들의 표정이 조금 굳어 있네요. 하지만 교실에서 만난 친구들의 표정은 사뭇 달라요. 친구들과 이야기를 나누느라 웃음꽃이 피어나요. 어제 놀이터에서 놀았던 이야기부터 생일 축하 덕담까지, 친구들과 함께하니 혼자 있을 때는 볼 수 없던 표정이 자연스레 나오네요. 항상 저 표정이면 얼마나 좋을까요?

　선생님이 만난 어린이들의 모습은 참 다양해요. 그중 선생님의 마음을 가장 따뜻하게 해 주는 것은 자신의 꿈을 키워 가는 여러분 각자의 모습이에요. 자신과 같은 꿈을 키우며 의미 있게 살아가는 사람들에 대해 배우고 그들을 닮으려고 노력하면서요. 좀 서툴지만 다른 사람들을 배려하는 모습도 무척 아름답지요.

　초등학생 시기는 '나다운 나'가 되기 위한 싹을 틔우는 시간이에요. 친구들 모두가 꿈꾸는 멋진 사람, 즉 나만의 색깔이 있는 나다운 사람으로 성장하기 위한 첫 발걸음을 내딛기 시작하죠. 그 걸음이 조금 더딘 친구도 있고, 어느 방향으로 가야 할지 몰라 허둥거리는 친구도 있어요. 조금씩 다르기는 하지만 모두들 자기만의 상자에 필요한 것들을 채워 가는 소중한 시간이지요.

　자신의 색깔을 찾고 나다운 모습으로 만들어가는 데, 이 책이 조금이나마 도움이 되었으면 좋겠어요. 먼저 자기 자신에게 관심을 갖고 나를 들여다보는 시간을 갖길 바라요. "나는 무슨 색깔일까?", "내 안에서 무슨 소리가 들리지?", "나의 장점은 무엇일까?", "내 얼굴은 어떤 표정이지?" 등 나를 들여다보고 내가 어떤 사람인지 생각해 보는 시간과 여유를 가져 보세요. 그런 다음 나에게 필요한 것이 무엇인지 찾는 거예요. 눈을 돌리면 이번에는 주변 사람들이 보여요. 부모님, 친구들, 선생님을 어떤 눈으로 보아야 하고, 마음을 어떻게 나누어야 하는지도 생각해 보는 거예요. 무엇보다 여러 가지 사건과 이야기를 통해 어떤 어른이 될지, 어떤 세상을 만들어야 하는지 고민하면서 한 걸음씩 앞으로 나아가는 어린이가 되었으면 좋겠어요.

　하루하루 생활하다 보면 모든 게 마음먹은 대로 되지 않을 때가 많아요. 하지만 자신만의 단단함을 가지고 있다면 그런 어려움은 반드시 극복할 수 있어요. 또 여러분은 혼자가 아니에요. 하늘의 달과 별을 보며 꿈을 키우는 어린이는 어려운 상황도 이겨내는 지혜를 발휘할 수 있어요.

　주위에 있는 친구들과 함께라면 나의 꿈을 넘어 우리의 꿈을 더 크게 키울 수 있고, 훌륭한 위인들의 삶은 우리에게 좋은 본보기가 되며, 다양한 사람들의 이야기는 순간순간에 큰 힘이 되어 주지요.

　이 책에는 국어, 과학, 역사, 사회 교과서에 나오는 생각 씨앗들이 주제별로 정리되어 있어요. 생각 쓰기를 하다 보면 자기도 모르는 사이에 생각 그릇이 커지고 있다는 것을 알게 될 거예요. 그런 생각들은 내 뿌리를 튼튼하게 해 주는 자양분이 되지요. 자, 이제부터 교과서에 나오는 이야기와 여러 사건들을 따라가며《생각하고 표현하는 초등 교과서 논술》을 시작해 볼까요? 이 과정을 통해 여러분의 생각이 톡톡 트이고, 쑥쑥 자라 나길 바라요. 더 넓고, 깊게요. 선생님이 옆에서 응원할게요.

황은희

차례

1. 나는 무슨 색깔일까요? 8
2. 눈을 감고 소리를 느껴요 14
3. 관심을 가지면 안 보이던 것이 보여요 20
4. 나의 장점 10가지를 말해요 26
5. 거울 속에 비친 나의 표정 32
6. 나의 뿌리를 튼튼하게 하려면 38

7. 내가 가장 행복할 때 44
8. 나에게 공기 같은 것 50
9. 사라질 위기에 처한 것을 살리는 법 56
10. 기술의 발전과 경제 성장으로 잃어가는 것들 62
11. 힘과 마음을 모아 작은 변화를 만들어요 68
12. 흥부는 왜 가난했을까요? 74
13. 가족, 그 이름이 주는 힘! 80

14 어떤 어른이 되고 싶나요? 86

15 젖은 것이 마르려면 햇빛과 바람이 필요해요 92

16 버리고 싶은 것, 새로 얻고 싶은 것 98

17 고이지 않고 흐르는 물 104

18 함께 꿈꾸는 무지개 세상을 위해 110

19 멋진 민주 시민으로 자라나는 우리 116

20 머리로 아는 것과 몸으로 익히는 것 122

21 나는야, 용돈 관리 박사! 128

22 내가 짓고 싶은 집 134

23 체크 체크, 나만의 공부법 140

24 평화를 꿈꾸는 아이 146

25 나만의 버킷리스트 152

26 어떤 직업을 갖고 싶나요? 158

27 나 자신을 사랑해요! 164

1 나는 무슨 색깔일까요?

초등 국어/미술

이 세상에는 참으로 다양한 색깔이 많습니다. 먼저 자연 환경이 계절에 따라 달라지지요. 봄에는 새싹이 돋아나고 꽃들이 활짝 피면서 화사한 분홍과 노랑과 연두의 세상이 펼쳐져요. 여름에는 우거진 나무가 진한 녹색의 세상을 만들며 싱그러움을 주기도 하고요. 가을에는 울긋불긋 단풍과 유난히 높고 푸른 하늘을 볼 수 있지요. 겨울에는 흰 눈이 온 세상을 하얗게 덮기도 하지요. 자연뿐만이 아니에요.

지금 여러분 주변을 둘러보세요. 색이 없는 물건이 하나도 없을 거예요.
 또 같은 색으로 보이는 것들도 자세히 들여다보면 조금씩 다 달라요. 같은 노랑이지만 진노랑, 연노랑, 누런색…. 서로 비슷해 보이지만 조금씩 다르고 저마다 색다른 느낌을 주지요. 색이 가진 느낌은 참 오묘해요. 같은 색인데도 진하고 연하기에 따라 다른 느낌을 주니 말이에요.
 참, 사람들이 직업에 따라 다른 색깔의 옷을 입는다는 사실을 아세요? 의사는 주로 하얀 가운을 입지요. 병원은 위생을 철저하게 관리해야 하기 때문에 더러워지면 금방 알 수 있도록 흰옷을 입는 거예요. 또 공정하게 재판을 해야 하는 법관들은 검은색 옷을 입어요. 서양에서는 신분에 따라 입는 옷이 달랐는데, 검은색 옷은 신분에 상관없이 입을 수 있는 색

깔이었대요. 그래서 모든 사람에게 평등한 판단을 내려야 하는 재판관은 검은색 옷을 입는답니다.

그럼 사람은 어떤가요? 사람도 색으로 표현할 수 있을까요? 우리도 색깔이 있을까요? 사람은 누구나 그 나름의 색깔이 있답니다. 단순히 피부색을 의미하는 것은 아니에요. 그 사람의 생각이나 마음 씀씀이도 색으로 표현할 수 있답니다.

따뜻한 마음을 가진 사람을 노란색으로 표현하고, 열정이 넘치는 사람을 빨간색으로 표현하기도 하죠. 물론 이것은 정해진 것이 아니랍니다. 사람마다 모두 다르게 생각할 수 있거든요. 자신에게 맞는 색깔을 붙여 보는 것은 굉장히 의미 있는 활동이에요. 색깔과 사람의 느낌이 이어지는 순간이거든요.

여러분은 자신을 무슨 색으로 표현하고 싶나요? 또 주변 사람을 무슨 색이라고 이야기할까요? 지금부터 찬찬히 여러분 자신과 주변 사람들을 관찰하고 색으로 표현해 보세요.

나는 무슨 색깔일까요?

   지금 나의 마음은 어떤가요? 그 마음을 무슨 색깔로 표현할 수 있을까요? 마음이 편안하고 기분 좋거나, 누군가를 미워하거나, 즐겁거나 슬플 수도 있어요. 여러분 마음에 있는 다양한 생각에 색을 칠해 볼까요? 한 가지 색으로만 칠하지 않아도 돼요. 여러 마음이 함께 있을 수 있으니까요.

친구 생각

친구들의 생각을 들어 봅시다. - ○○초등학교 학생 글

　난 무슨 색일까? 빨간색, 노란색, 파란색?
　나는 내가 무슨 색인지 한 번도 생각해 본 적이 없다. 그런데 이번에 진지하게 생각해 보니 난 노란색 같다. 나는 비교적 마음이 따뜻하고 다정한 편이다. 어려운 상황에 있는 친구에게 먼저 다가가 고민을 들어 주기도 한다. 또 그 친구의 입장을 잘 이해해 주려고 노력하는 편이다. 그래서 나는 노란색인 것 같다. 웃음도 많아 개나리꽃이 활짝 핀 느낌을 준다고 한다. 그런데 가끔은 보라색이라는 생각도 한다. 보라색은 왠지 작고 아담한 느낌을 갖게 하는 색이다.

교과서로 철학하기

살색은 어떻게 살구색이 되었을까요?

　살구색은 2005년 전까지 '살색'이라고 불렸어요. 주로 얼굴이나 몸을 그린 뒤에 칠하는 색깔이었어요. 그런데 생각해 보세요. 우리나라 사람들이 속한 황인종의 피부색이 전부일까요? 흑인, 백인 등 사람들의 피부색은 저마다 다양하지요.

　인권 단체에서 살색이라는 크레파스 이름이 잘못되었다고 문제를 제기했어요. 그리고 2002년 국가인권위원회에서 "살색이라는 색은 인종에 대한 합리적인 이유 없이 평등권을 침해한 것이다."라고 발표를 했지요. 이렇게 살색은 살구색으로 이름이 바뀌게 되었어요. 어떤 광고에서는 흑인과 백인의 피부색을 표현할 수 있는 색을 모아 놓고, 모두가 살색이라고 말했어요. 크레파스에도 살색 대신 살구색이라는 이름을 썼어요.

　사람들은 피부색이 다양하다는 것을 몰랐을까요? 물론 알고 있었어요. 그런데 아무렇지 않게 '살색' 하면 당연히 그 색을 칠했던 거예요. 결국 크레파스 색깔에 의문을 품으면서 차별 없는 세상에 대해 깊이 생각해 보게 된 거예요.

　우리 주변에도 작은 변화를 통해 큰 변화를 이끌어 낸 일이 많이 있어요. 크레파스 색깔의 이름을 바꾸어 사람들의 생각을 바꾸었듯, 우리도 작은 실천을 통해 세상을 바꿀 수 있답니다.

초등 과학/음악

2 눈을 감고 소리를 느껴요

소리란 물체가 진동해서 생기는 공기의 떨림이에요. 우리는 그 소리를 귀를 통해 들을 수 있지요. 소리는 공기, 나무, 철, 돌, 물 등 여러 가지 물질을 통해 전달되지요. 사물에 따라 나는 소리가 각각 다르고요. 각각의 소리가 주는 느낌 또한 다르답니다.

소리를 내는 방법도 여러 가지예요. 입으로 공기를 불어서 낼 수 있고, 두드려서 낼 수도 있지요. 소리는 크게 낼 수도 있고, 작게 낼 수도 있어요. 또 공기의 파동이 서로 다르기도 하고요. 즉 세기와 높낮이, 소리의 맵시에 따라 서로 다른 소리들을 낼 수 있어요.

소리를 잘 듣기 위해 다양한 도구를 이용하기도 해요. 청진기를 이용하면 몸속에서 나는 소리를 들을 수 있지요. 소리를 쉽게 들을 수 없을 때 보청기 등을 이용하기도 해요. 우리는 소리를 통해 서로의 마음을 나누기도 하죠. 이렇게 우리는 항상 소리를 들으며 살아가고 있어요. 소리는

나를 신나게 만들기도 하고, 때로는 짜증나게도 해요.

  소리를 내는 도구도 다양해요. 대표적인 것이 악기예요. 악기는 아름다운 소리를 내고, 악기마다 제각기 내는 소리도 다 달라요. 어떤 것은 높은 음을 내고 어떤 것은 낮은 음을 내요. 또 부드러운 음이나 섬세한 음을 내기도 하고요. 그래서 사람마다 좋아하는 악기가 달라요. 더블베이스의 묵직하고 웅장한 악기 소리를 좋아하는 사람도 있고, 바이올린처럼 가볍고 경쾌한 음을 내는 악기를 좋아하는 사람도 있어요. 악기가 내는 소리에 대한 반응도 제각각 다 다르고요. 엄마 뱃속에 있는 아기도 자기가 좋아하는 소리에 반응을 한다고 해요.

  여러분은 눈을 감고 온전히 세상의 소리에만 귀 기울여 본 적이 있나요? 밖에서 나는 소리뿐만 아니라, 내 마음속에서 들리는 소리에도 귀를 기울여 보세요. 어떤 소리가 나를 편안하게 하는지, 어떤 소리가 나에게 힘을 주는지 말이에요.

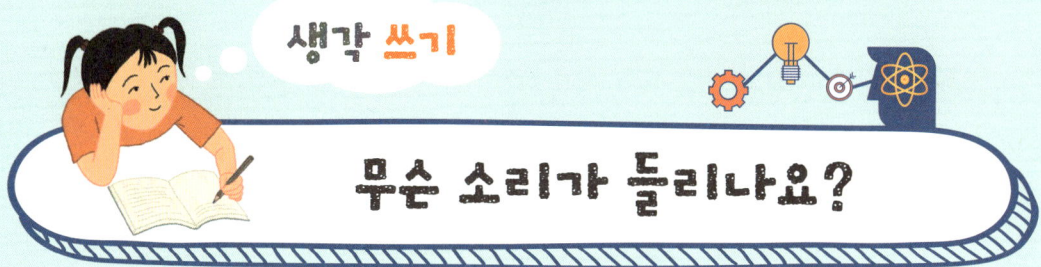

무슨 소리가 들리나요?

소리에 귀를 기울이다 보면, 밖에서 들리는 소리뿐만 아니라 내 안에서 들리는 소리도 들을 수 있어요. 귀에는 들리지 않지만 무언가가 나에게 이야기하고 있는 것 같은 느낌이 들기도 해요. 지금까지 여러분이 살아오면서 들은 소리에 대해 생각해 보세요.

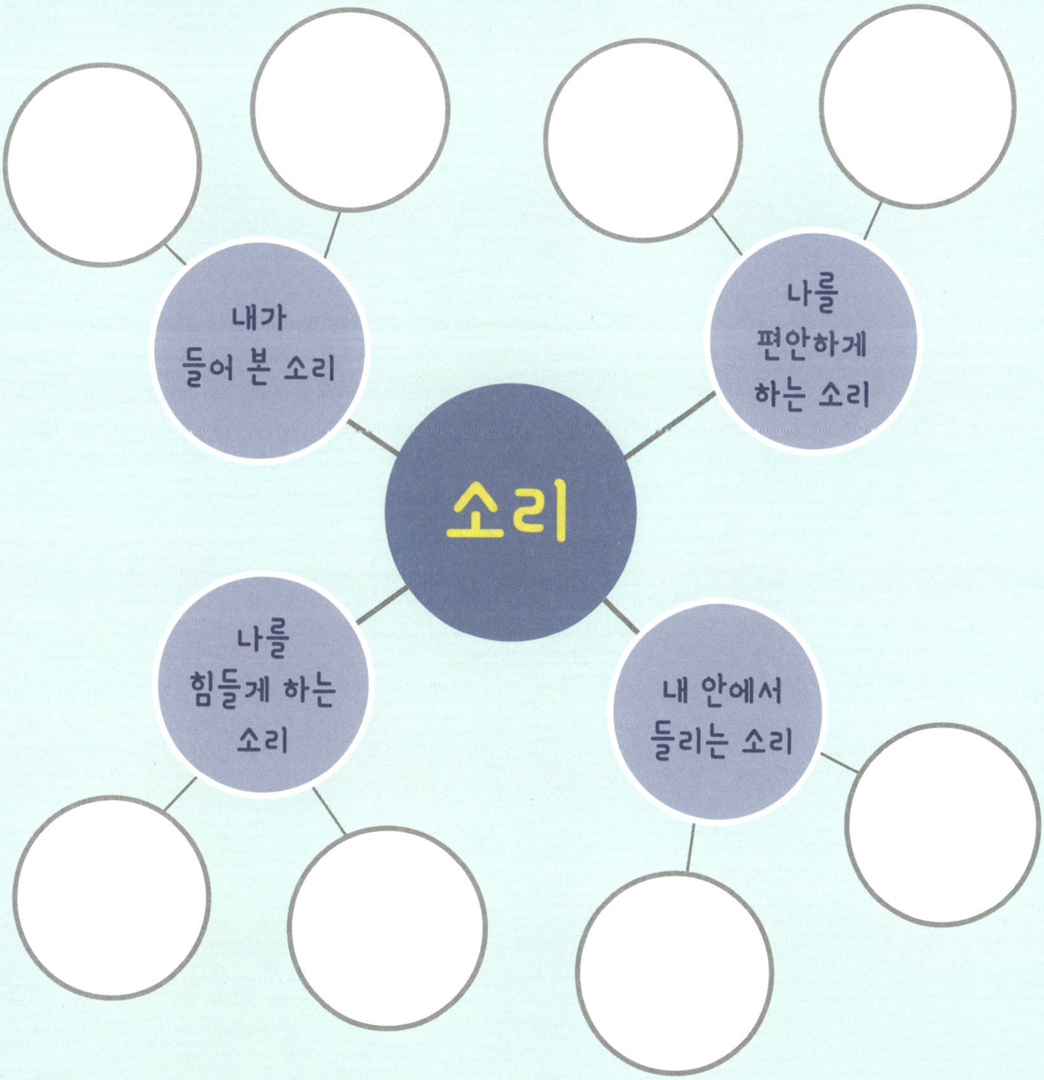

- 소리
  - 내가 들어 본 소리
  - 나를 편안하게 하는 소리
  - 나를 힘들게 하는 소리
  - 내 안에서 들리는 소리

 친구 생각

친구들의 생각을 들어 봅시다. - ○○초등학교 학생 글

소리

- 내가 들어 본 소리
  - 찌개 끓는 소리
  - 강아지 짖는 소리
  - 노랫소리
  - 발자국 소리

- 나를 편안하게 하는 소리
  - 피아노 소리
  - 라디오 소리
  - 빗소리
  - 깊은 숨소리

- 나를 힘들게 하는 소리
  - 엄마의 잔소리
  - 천둥소리
  - 공부 시간에 친구들이 심하게 떠드는 소리
  - 기계 돌아가는 소리

- 내 안에서 들리는 소리
  - 스스로를 응원하는 소리
  - 괜찮아. 모두 다
  - 하고 싶은 것을 하라는 소리

교과서로 철학하기

들리지 않아도 느낄 수 있어요

음악가가 소리를 들을 수 없다면 어떨까요? 아름다운 피아노 소리도, 노랫소리도 들을 수 없으니 음악 활동을 할 수 없을 것 같다고요? 그럴 거예요. 음악가에게 소리와 음을 들을 수 있는 능력인 청력은 무척 중요하답니다.

그런데 청력을 잃고도 훌륭한 곡들을 작곡한 음악가가 있어요. 바로 베토벤이에요. 그는 〈비창〉, 〈월광〉 등 우리에게 알려진 수많은 곡을 작곡한 독일의 작곡가예요. 그는 30세 즈음 청각에 문제가 생겨 들을 수 없게 되었어요. 세상의 소리가 들리지 않게 되니 마음은 천 갈래 만 갈래로 찢어졌지요. 그는 더 이상 음악을 할 수 없다는 생각에 깊은 절망에 빠졌어요.

하지만 베토벤은 절망에서 빠져나오기 위해 부단히 노력했어요. 피아노를 연주할 때 진동을 느끼기 위해 입에 막대를 물기도 했어요. 들리지 않는 소리를 느끼려고 끝까지 노력했지요. 그렇게 열정을 담아 곡을 만들었어요. 특히 〈교향곡 9번〉은 베토벤이 소리를 들을 수 있을 때 만든 곡보다 훨씬 더 깊고 섬세하다는 평가를 받고 있지요.

우리는 베토벤을 통해 들리지 않는 소리의 느낌을 글이나 음표로 표현할 수 있다는 것을 알 수 있어요.

초등 도덕/미술

3. 관심을 가지면 안 보이던 것이 보여요

관심은 한자로 볼 관(觀), 마음 심(心)이라고 써요. 마음을 주면서 본다는 뜻이지요. 우리는 살아가면서 종종 "너의 관심은 무엇이니?"라는 질문을 들을 때가 있어요. 그 관심이 쌓이면 취미가 되기도 하고, 자신의 진로를 결정하는 나침반이 되기도 해요. 또한 누군가에게 관심을 두면 그 사람에게 필요한 게 보이고, 그를 돕기 위해 배려를

하게 돼요.

　교실에서 아무도 나에게 관심을 두지 않는다면 기분이 어떨까요? 아마 학교에 가기 싫을 거예요. 또 아무것에도 관심이 없다면 어떨까요? 하루하루를 의미 없이 보낼지도 몰라요. 관심을 받고 싶은 것은 어린이들만 그런 게 아니에요. 어른들도 마찬가지지요. 사람은 누군가의 관심을 받고 성장하는 존재거든요.

　그런데 관심 없이 보는 것과 관심을 갖고 보는 것은 엄청난 차이가 있어요. 매일 뛰어 노는 운동장에 나무 한 그루를 바라보세요. 평소에는 있는 것조차 몰랐는데, 관심을 갖고 보기 시작하면 매일매일 하루가 다르

게 자라는 것을 알 수 있어요. 나뭇가지에 새순이 돋기 시작하고, 또 어느 날은 잎이 푸르러지고, 어느새 단풍으로 물들어 간답니다. 나무에 관심을 가지면 이런 변화가 보이고, 그러면 궁금한 것이 생겨 질문을 하고 싶어져요. 어느새 나무와 가까워지고 마음의 친구가 될지도 몰라요.

　나무 하나에도 관심을 갖고 보면, 이렇게 작은 변화가 생기고 내 마음도 움직이죠. 다른 것은 어떨까요? 같은 반 친구들은 어떨까요? 관심을 갖고 보면 여러분이 알지 못했던 모습, 또 나와 비슷한 모습도 알 수 있어요. 함께 살고 있는 가족도 마찬가지예요. 부모님은 어떨 때 행복감을 느낄까요? 언니, 오빠는 요즘 무슨 생각을 할까요?

　자, 지금부터 우리 주변에 있는 사소한 것부터 관심을 갖고 보는 습관을 가져 보세요.

생각 쓰기

관심을 주면 달라져요!

관심을 주고 싶은 사람이나 사물이 있나요? 요즘 누구에게 관심을 받고 싶은가요? 관심을 받고 싶다면 그 사람에게 먼저 다가가 보는 것은 어떨까요? 대상을 정해 관심을 갖고 관찰해 보세요. 그동안 보이지 않았던 것이 보일 거예요. 관심을 가진 뒤 달라진 것이 있으면 적어 보세요.

사람이나 사물	이유	달라진 점
우리 반 친구 하진이	다른 친구들보다 서툰 점이 많지만, 그 친구가 달라질 수 있도록 도와주고 싶다.	그 친구가 교실에서 웃는 날이 많아졌다.

친구 생각

친구들의 생각을 들어 봅시다. - ○○초등학교 학생 글

사람이나 사물	이유	달라진 점
우리 아빠	늘 나와 우리 가족을 위해 일하시는데 요즘 힘들어 보여서	나도 가족을 위해 열심히 살고, 힘든 것이 있어도 때로는 참고 이겨내야지.
우리 교실의 식물	넝쿨 줄기를 타고 복도에서 자라는 모습이 신기해서	얼마나 자랐는지 매일 확인하게 된다. 식물이 나에게 하루하루 기쁨을 준다니 신기하다.
역사 속에 나오는 송현이	수업 시간에 배웠는데, 너무 불쌍해서	삼국 시대 순장이라는 제도 때문에 산사람을 무덤에 묻다니…. 인권의 소중함을 알게 되었다.
사춘기를 맞은 우리 반 친구	부모님과 요즘 자주 다툰다고 하는데, 사춘기를 어떻게 잘 보낼지 궁금해서	나는 사춘기를 어떻게 보내게 될지 궁금하다. 사춘기를 잘 보내고 더 어른스러워지고 싶다는 생각이 들었다.

교과서로 철학하기

관심을 가지면 사람들의 아픔이 보여요

　사람들이 노란 리본을 달고 다니는 것을 본 적 있나요? 2014년 이후 사람들은 가방이나 옷에 노란 리본을 달고 다녔어요. 그 리본은 세월호 사건 때 목숨을 잃은 수많은 사람들을 기억하기 위한 표시예요.

　세월호 사건은 인천을 출발해 제주도로 향하던 배가 2014년 4월 16일 전남 진도군 앞바다에서 침몰한 사건이에요. 당시 배 안에는 수학여행을 가던 안산 단원고 학생 325명을 포함해 476명의 승객이 타고 있었지요. 배가 침몰하기 전까지 단 172명만 구조되고 나머지는 희생되거나 실종되었어요.

　온 국민은 깊은 슬픔에 빠졌어요. 대한민국의 부모님들은 마치 내 아이가 바다에 가라앉은 것처럼 눈시울을 적셨지요. 곳곳에 추모의 발길이 끊이지 않았고, 대한민국 국민들의 가슴과 가방에 노란 리본이 달렸어요. 그 리본을 보면서 같은 마음임을 알고, 서로의 아픔을 다독였지요.

　5살 난 아이가 조그마한 손으로 사람들에게 나누어 줄 리본을 만들기도 했고, 초등학생들도 미술 시간에 추모 리본을 만들어 함께 나누어 달기도 했어요.

　처음에는 노란 리본이 무엇인지 몰랐지만, 사람들과 세상일에 관심을 가지면서 서로의 아픔을 볼 수 있게 되었지요. 아픔을 본 사람들은 그 아픔을 어루만져 주는 따뜻한 손길을 내밀게 되었답니다.

4 나의 장점 10가지를 말해요

초등 도덕

　사람은 누구나 장점을 가지고 있어요. 그런데 안타까운 것은 자기 자신의 장점을 잘 모르고 살아간다는 거예요. 장점보다는 단점에 대한 이야기를 많이 듣기도 하고요. 물론 단점을 고치려고 노력해야 발전할 수 있지만, 자신의 장점을 아는 사람은 자신을 사랑할 수 있어요. "나는 이렇게 장점이 많은 사랑스러운 사람이구나!" 하고 스스로 자신감도 가질 수 있고요. 그러다 보면 다른 사람의 장점도 발견할 수 있게 되지요.

　사람이 살아가는 데 가장 중요한 것은 무엇일까요? 자신을 아끼고 사랑하는 마음이에요. 그런 마음을 가진 사람은 매일매일 자신감이 넘치고 신날 거예요. 반면 그렇지 못한 사람은 어떨까요? 늘 풀이 죽어 있고, 무슨 일을 하든지 머뭇거릴 가능성이 높아요.

　자신감은 자신과 세상을 긍정적으로 바라볼 때 생기는 마음이에요.

사람들은 똑같은 상황을 놓고도 다르게 생각하지요. 긍정적으로 보는 사람이 있는가 하면, 부정적으로 보는 사람도 있어요. 긍정적으로 보는 사람은 밝게 생활할 수 있는 힘이 생겨요. 자신을 바라볼 때도 단점보다는 장점을 먼저 보려고 하고요.

자신의 장점을 찾기가 어렵다고요? 하지만 방법은 많아요. 장점을 찾기 위해 자기 자신을 관찰하거나 자기 안에 잠재되어 있는 모습을 찾아보는 거예요. 그리고 그 모습들이 내는 소리를 잘 들어야 해요. 뿐만 아니라 누군가에게 자신의 장점을 들어서 알 수도 있지요.

우리도 다른 사람의 장점을 말해 주는 습관을 가져야 해요. 스스로를 제대로 알지 못하는 사람이 자신을 알아갈 수 있도록 말이에요.

자, 우리도 나만의 장점을 찾아볼까요?

생각 쓰기

나만의 장점을 써 보세요!

자, 공책을 펴고 앉아 나의 장점을 써 보세요. 생각이 안 난다고요? 찾기가 쉽지 않다고요? 혹시 다른 사람의 기준으로 자신을 보고 있지는 않은가요? '공부를 잘한다', '무척 부지런하다', '글씨를 잘 쓴다.' 등도 칭찬이 될 수 있지만 조금 다르게 생각해 볼 수 있어요. '늘 여유가 있다', '기발한 생각을 잘한다.'도 장점이에요.

누군가에게 내세울 수 있는 것만이 장점이 아니라, 자신이 가지고 있는 고유한 특성도 장점이에요. 나의 장점을 10가지 이상 꼭 써 보세요.

1.
2.
3.
4.
5.
6.
7.
8.
9.
10.

친구들의 생각을 들어 봅시다. - ○○초등학교 학생 글

나의 장점 10가지

1. 잘 웃는다.
2. 항상 긍정적으로 생각한다.
3. 뭐든지 잘 먹는다.
4. 운동을 좋아한다.
5. 친구를 잘 도와준다.
6. 궁금한 게 생기면 스스로 찾아본다.
7. 그날 해야 할 일은 꼭 하려고 노력한다.
8. 아침 일찍 잘 일어난다.
9. 누구랑 짝을 해도 잘 지낸다.
10. 학교에서 맡은 1인 1역을 잘한다.

교과서로 **철학하기**

에디슨의 장점을 알아준 한 사람

　에디슨은 어렸을 때부터 호기심이 많고 엉뚱한 행동을 많이 했어요. 학교 수업시간에 엉뚱한 질문을 해서 늘 꾸중을 들었어요. 학교 선생님은 에디슨을 학습 능력이 부족한 아이라고 생각했어요. 결국 에디슨은 초등학교에 입학한 지 석 달 만에 학교를 그만두고 대신 집에서 어머니와 공부하게 되었지요. 학교를 그만둘 당시 어머니는 에디슨에게 이런 편지를 읽어 주었어요. 학교 선생님이 준 편지라면서요.

　"에디슨은 천재입니다. 우리 학교는 당신의 아들을 잘 교육시킬 만큼 훌륭한 선생님이 없습니다. 그러니 집에서 교육시키기 바랍니다."

　그의 어머니는 에디슨이 특별하게 생각할 줄 아는 아이라고 생각했어요. 그리고 늘 긍정적인 이야기만 했지요. 훗날 에디슨은 위대한 발명가가 되어 전기를 발명하는 등 많은 일들을 했어요. 그러던 어느 날 에디슨은 책상 서랍에서 오래된 편지 한 장을 발견했어요. 그 편지 내용은 에디슨을 눈물짓게 했지요.

　"당신 아들은 지적 장애가 있어 아이들과 함께 학교에서 가르칠 수 없습니다."

　그것을 본 에디슨은 어머니가 읽어 주었던 편지 내용이 거짓이었음을 알게 되었고, 감사의 눈물을 흘렸지요.

　그 당시 에디슨의 어머니가 선생님이 써 준 대로 읽었다면 어떻게 되었을까요? 장점을 알아주는 한 사람만 있어도 그 사람의 인생은 달라질 수 있습니다. 여러분도 누군가에게 그런 사람이 될 수 있답니다.

초등 국어

5. 거울 속에 비친 나의 표정

여러분은 자기 마음속을 들여다본 적이 있나요? 그렇다면 마음이 얼굴에 드러난다는 사실을 알고 있나요? 무슨 말이냐고요? 사람들의 마음은 대부분 얼굴에 나타난답니다. 그러면 지금부터 거울 속에 나타난 내 마음을 읽어 볼까요?

어떤 친구는 거울 속 자신을 들여다보라고 하면 쑥스럽게 왜 그래야 하느냐고 되묻기도 해요. 거울이야 매일 보는데 뭘 또 보냐고요. 하지만 그저 얼굴 생김새뿐만이 아니라 거울 속에 비친 내 얼굴 표정을 찬찬히 살펴보세요. 그 안에 담긴 느낌 말이에요.

거울 속에 비친 내 얼굴 표정을 자세히 살펴보면, 내가 주로 어떤 표정을 짓고 살아가는지 알 수 있어요. 늘 피곤에 지친 표정은 아닌지, 화난 표정은 아닌지, 생글생글 웃는 표정을 짓고 있는지, 누군가의 이야기에 긍정적으로 반응하는 표정인지 볼 수 있어요.

어때요? 마음에 드는 표정인가요? 아니면 전혀 마음에 들지 않나요? 다행히 밝고 긍정적인 표정이라면 좋지만, 그렇지 않고 늘 찡그린 표정이라면 왜 그 표정을 짓는지 생각해 보세요. 자신도 모르게 내 얼굴로 굳어져 버린 표정을 보고 깜짝 놀랄지도 몰라요. 내 표정이 어떤 표정이었으면 좋을지도 생각해 보고 그렇게 되도록 노력해 보세요.

천천히 자신만의 표정을 만들어 보세요. 자신의 마음이 나타나는 표정을요.

나는 어떤 표정을 짓고 있나요?

한 연락병이 사령관에게 주요 요새를 빼앗겼다고 보고를 했어요. 사령관은 화가 나서 눈을 부라리며 씩씩댔어요. 그러자 부인이 사령관에게 말했어요.

"나는 지금 당신보다 더 안 좋은 일을 당했어요."

"대체 그게 무슨 말이에요?"

"당신 표정에서 당황한 기색이 보여요. 요새는 다시 싸워 빼앗으면 되잖아요. 하지만 사령관인 당신이 용기를 잃는다면 그것은 군대 전부를 잃는 것보다 훨씬 더 위험한 일이에요."

표정에 드러나는 마음의 중요성을 알게 해 주는 《탈무드》 속 이야기예요.

나는 어떤 표정을 짓고 있나요? 나의 표정을 그려 보세요.

나는 어떤 표정일까요?

얼굴무늬 수막새와 마애여래 삼존상의 표정

　우리 문화유산 중에는 조상들의 지혜가 느껴지는 문화유산이 많아요. 그중 하나가 바로 신라의 '얼굴무늬 수막새(웃는 얼굴 기와)'와 '마애여래 삼존상'이에요. 두 문화유산은 무엇보다 웃는 얼굴로 유명해요.

　삼국 시대의 귀족들은 주로 기와집에 살았어요. 기와를 얹어 집을 지을 때 기와 끝을 막는 것을 수막새라고 해요. 수막새 끝에는 다양한 모양의 막새기와가 달려 있는데, 악귀를 쫓는 짐승이나 불교를 상징하는 연꽃 등이 있습니다. 그중 다른 기와보다 눈에 들어오는 기와가 있어요. 바로 신라의 '웃는 얼굴 기와'예요. 둥근 얼굴에 기분 좋은 미소를 짓고 있는 기와지요. 물론 지금 남아 있는 기와는 일부분이 깨져 온전하지는 않지만, 얼굴 가득 들어찬 미소만은 그대로 보고 느낄 수 있어요.

　신라 사람들은 왜 웃는 기와를 만들었을까요? 이유가 명확하지는 않지만, 사람들이 지붕에 있는 웃는 기와를 보면서 기분 좋으라고 만든 게 아닐까 해요. 예를 들어, 부부 싸움을 한 사람이 기와를 보면 마음이 풀어졌을 거예요. 부모는 아이가 속을 썩였을 때 그 기와를 보며 화를 가라앉히지 않았을까요? 지금도 그 기와를 보면 왠지 모를 미소가 절로 피어나게 되거든요. 수막새를 만든 신라 기와장이의 지혜가 고스란히 느껴지지요.

　얼굴의 미소로 유명한 문화유산이 또 하나 있어요. 바로 백제의 문화유산인 충청남도 서산 용현리에 있는 '마애여래 삼존상'이지요. '백제의 미소'라고 불리는 불상이 커다란 바위에 새겨져 있어요.

　이 불상은 두 명의 보살과 함께 새겨져 있는데, 얼굴에 푸근하고 온화한 미소를 짓고 있어요. 마치 힘들고 고된 삶을 살고 있는 백성들이 불공을 드리러 오면 미소를 지으며 위로의 말을 전할 것 같은 모습이지요. "어렵고 힘든 것은 다 잊어 버리고, 편안한 마음을 갖고 살거라!", 혹은 "다 괜찮아질 거야!"라고 말이에요.

두 문화유산을 보고 다시 거울 속에 있는 내 모습을 살펴보세요. 어때요? 두 미소를 닮고 싶은 생각이 들지 않나요?

◀ 얼굴무늬 수막새

▲ 서산 용현리 마애여래 삼존상

6 나의 뿌리를 튼튼하게 하려면

초등 과학

　나무는 뿌리, 줄기, 잎으로 되어 있어요. 나무의 뿌리는 어떤 역할을 할까요? 그 나무를 튼튼히 지탱해 주는 역할을 하지요. 또 땅속에서 물과 영양분을 빨아들여 나무가 잘 자라도록 해 주고요. 그 영양분과 물을 저장하기도 해요. 나무와 같은 식물에 뿌리가 없다면 어떻게 될까요? 아마도 시간이 지날수록 조금씩 말라가겠지요. 또 몸체와 같은 줄기를 지탱해 주지 못하니 쓰러지고 말 거예요.

　그런데 나무만 뿌리가 있는 게 아니에요. 사람에게도 뿌리가 있어요. 우선 나의 뿌리는 어머니, 아버지, 할머니, 할아버지라고 할 수도 있어요. 조금 다르게 생각해 볼까요? 나를 지탱해 주고 튼튼하게 해 주는 뿌리는 또 무엇이 있을까요?

　어린 시절뿐만 아니라 어른이 된 후에도 나를 지탱해 주는 것이 있어요. 아마도 눈에 보이는 '뼈'라고 생각하는 친구도 있고, 내가 서 있을 수

있게 해 주는 두 발과 다리라고 생각하는 사람도 있지요.

　눈에 보이지 않지만 나를 튼튼하게 지탱해 주는 것도 있어요. 그것은 바로 내가 가진 생각과 마음이에요. 그 생각과 마음은 우리 몸이 성장할수록 함께 자라나지요. 뿌리가 튼튼해지고 잘 자라도록 물을 주고 거름을 주듯, 내가 가진 생각이나 마음이 잘 자라도록 우리도 거름을 주어야 해요. 이왕이면 좋은 거름이면 좋겠네요. 내 뿌리에 좋은 거름을 주려면 좋은 책도 많이 읽고, 생각도 많이 하고, 다양한 경험도 해야 한답니다. 다양한 사람들을 만나면서 그들의 생각과 경험을 들어보는 것도 중요해요.

　자, 지금부터 나의 뿌리를 튼튼히 하기 위한 구체적인 방법을 생각해 볼까요?

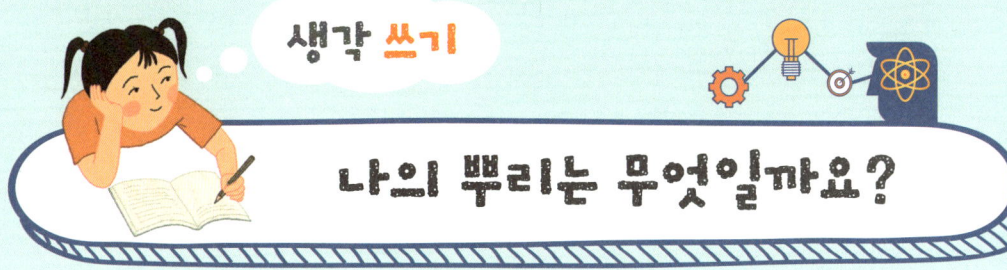

나의 뿌리는 무엇일까요?

나의 뿌리는 무엇일까요? 눈에 보이지 않는 것 중에서 생각해 보세요. 사랑하는 마음일 수도 있고 행복한 느낌일 수도 있어요. 종교나 무엇인가에 대한 믿음이 될 수도 있어요. 여러분의 뿌리를 튼튼히 하기 위해 어떤 노력을 해야 하는지 생각해 보세요.

- 사랑하는 마음
- 부모님
- 생각
- 닮고 싶은 사람

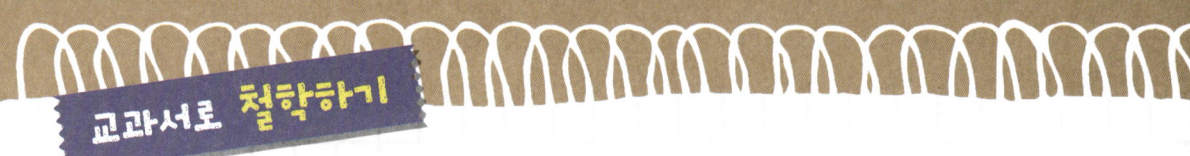

뿌리 역할을 했던 종교와 학문

개인에게 뿌리가 되는 생각이 있듯, 국가의 뿌리 역할을 했던 종교나 학문이 있어요. 우리나라에는 불교와 유학이 있었어요. 불교는 고려 시대 국가의 종교로서 역할을 했어요. 유학 중 성리학이라는 학문은 조선 시대의 기반이 되었던 학문이고요.

불교가 우리나라에 전해진 것은 삼국 시대예요. 불교는 왕권을 강화하는 데 큰 역할을 했지요. 왕실에서는 적극적으로 불교를 받아들였고, 이후 백성들에게까지 널리 퍼져나갔어요.

불교에서는 이전 세상에서 어떻게 살았느냐에 따라 현재의 모습이 달라진다고 가르쳤어요. 즉, 이전 세상에서 열심히 살았기에 현재 귀족으로 태어났으니, 현재의 풍요로움을 누리는 것이 당연한 것처럼 여겨지도록 했지요. 한편 백성들에게는 지금 열심히 살면 죽은 뒤 좋은 세상에서 살게 될 거라는 희망을 주기도 했고요. 불교는 삼국 시대 때 널리 퍼져나갔고, 곳곳에 수많은 탑과 절이 세워졌어요.

고려 시대에는 불교가 더욱 발전했어요. 왕족이나 귀족이 승려가 되는 경우도 많았고, 왕사와 국사 등 나라의 스님 역할을 하는 스님도 있었지요. 불교 행사인 연등회나 팔관회를 국가에서 직접 열기도 했고요.

고려 말 즈음에는 중국 원나라에서 새로운 학문이 들어왔어요. 유학의 한 갈래인 성리학이에요. 우주의 원리를 밝히고 인간의 도리를 강조하는 학문으로, 조선이 백성을 다스리는 데 기본적인 이념이 되었지요. 성리학을 공부한 학자들이 주요 관직을 차지하며 나라를 이끌어 갔어요. 백성들도 성리학이 가르치는 생활 규범에 따라 살아야 했고요. 나라에 대한 충성과 부모에 대한 효가 더욱 강조되었어요. 성균관과 서원 등 교육기관에서는 성리학을 가르쳤고, 학문이 높은 학자들을 기리는 제사를 지내기도 했어요.

    역사 속 뿌리 역할을 했던 불교와 유학(성리학)은 지금도 우리에게 많은 영향을 미치고 있어요. 여전히 불교를 믿는 사람들이 많고, 일상생활 속에서도 성리학에서 강조했던 예절 등의 도리가 중요시되고 있지요.

    개항기 이후에는 우리나라에 서양 문물이 들어오면서 천주교 등이 전해졌고, 민주주의 등 새로운 사상이 들어오면서 생각의 변화를 가져오게 되었답니다.

7 내가 가장 행복할 때

초등 국어/도덕

사람들이 살아가면서 가장 바라는 것은 무엇일까요? 바로 행복이에요. 행복하게 하루하루를 살기 바라며 살고 있지요. '소확행'이라는 말까지 유행이 되었어요. '소확행'이란 '소소하고 확실한 행복'이란 뜻이에요.

행복이란 무엇일까요? 한자로는 다행할 '행(幸)', 복될 '복(福)' 자를 써요. 다행스럽고 복된 날들이란 뜻이지요. 불안하거나 걱정 없이 편안함을 느끼는 상태가 바로 행복의 의미예요.

"행복하게 살고 싶니?"라는 질문에 우리는 "네."라고 대답하지요. 그만큼 누구나 행복을 바라니까요.

여러분은 언제 가장 편안하고 행복감을 느끼나요? 행복은 편안하지 않을 수도 있어요. 편안하지 않아도 행복할 수 있지요. 그러면 다시 질문을 해 볼게요. 여러분은 언제 가장 행복한가요? 또 어떤 행복을 꿈꾸고 있나요?

아직 생각해 보지 않은 친구들도 있을 거예요. 그럼 지금부터 생각해 볼까요? 그동안 여러분이 겪은 순간을 떠올려 보세요. 언제 가장 행복했나요? 여러분이 바라는 행복한 모습은 어떤 것인가요?

혹시 '행복한 불편'이란 말을 들어본 적이 있나요? 불편한데 어떻게 행복하냐고요? 예를 들어 볼까요? 장애를 가진 친구를 매번 도와주어야 해서 불편했는데, 지나고 나니 왠지 모를 행복감을 느꼈다는 친구가 있어요.

또 독일의 프라이부르크라는 도시는 환경에 좋지 않은 원자력 발전소를 짓는 대신, 전력 소비를 줄이기 위해 태양과 바람을 이용한 신재생 에너지를 사용했어요. 태양광 발전 시설이 설치된 건물을 지으려면 건축비가 훨씬 비싸지만 사람들은 그 정도 불편은 감수하겠다고 했어요. 프라이부르크의 보봉 마을은 친환경 생태 마을로, 환경을 위해 편리한 자동차를 포기하고 대신 자전거를 이용하는 사람이 많아요. 주택에 자동차 주차장도 없어요. 덕분에 아이들은 자연스레 거리에서 신나게 뛰어놀 수 있게 되었지요.

자, 어때요? 행복에 대한 생각이 조금 바뀌었나요?

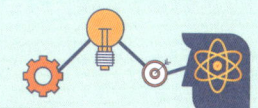

언제 가장 행복했나요?

가장 행복했던 순간은 언제였는지 생각해 보세요. 엄마 품에 쏙 안겨 있을 때, 아빠와 손잡고 걸어가는 순간, 엄마가 싸 준 김밥을 먹을 때, 맛있는 떡볶이를 먹는 순간, 아무도 없는 집에서 음악을 들으며 혼자 여유롭게 지내는 순간, 좋아하는 애니메이션을 볼 때 등 여러분을 미소 짓게 하는 순간을 떠올려 봅니다. 행복했던 순간이 떠오르나요? 생각하지 못했던 것까지 막 떠오를 거예요.

행복한 순간	이유
엄마와 아빠가 일 안 갈 때	하루 종일 엄마와 아빠가 집에 계시면 기분이 좋으니까
게임 시간이 30분 늘어날 때	깨고 싶은 게임이 있는데 늘 시간이 부족해서
식구가 다 같이 밥 먹을 때	혼자 밥 먹는 게 싫으니까
동생이 할머니 댁에 갔을 때	집이 조용하고, 엄마와 아빠가 나한테만 관심을 가지니까

친구들의 생각을 들어 봅시다. - ○○초등학교 학생 글

행복한 순간	이유
잠잘 때	그냥 다 편안해서
엄마, 아빠가 안아 주실 때	괜히 힘이 나고 포근해서
수학 시험을 잘 보았을 때	수학에 자신이 없는데, 시험을 잘 보면 자신감이 생겨서
내가 좋아하는 떡볶이를 먹을 때	가장 좋아하는 음식이니까
별의 위치를 알아냈을 때	과학 시간에 배운 것을 실제로 알게 되어서
나의 그림 재능을 발견했을 때	나에게도 재능이 있다는 생각에 뿌듯해서
학교에서 체육을 많이 할 때	내가 가장 좋아하는 과목이고, 체육을 하면 스트레스가 다 풀려서
생일 선물로 원하는 것을 받았을 때	얼마 전 생일 선물로 친구가 그려 준 그림을 선물로 받았는데, 너무 좋았다.
가족 여행을 갔을 때	우리 가족 모두 해외여행을 갔을 때 참 즐겁고 행복했다.
내가 하고 싶은 것을 할 때	특별한 이유 없이 그냥 기분이 좋다.

교과서로 **철학하기**

행복 지수가 높은 나라, 부탄

세계에서 행복 지수가 가장 높은 나라 중 하나가 부탄이에요. 부탄은 아시아 서남부 히말라야 산맥에 있는 작은 나라예요. 잘 사는 나라냐고요? 네, 잘 사는 나라지요. 그런데 여기서 잘 산다는 말은 경제 수준이 높은 나라를 의미하는 게 아니에요. 말 그대로 사람들이 잘 살고 행복을 느끼는 나라라는 뜻이지요. 부탄은 경제적 수준이 높지 않은 농업 중심의 국가예요.

이런 나라가 어떻게 행복 지수가 높을까요? 다른 나라 사람들은 부탄 공항에 내리면 왠지 모를 평화로움과 깨끗함에 마음이 편안해진다고 해요. 부탄에는 높은 산이 많고 자연 환경이 아주 깨끗하지요. 그리고 먹거리가 모두 농약을 치지 않은 유기농이에요.

부탄은 세계 여러 나라 사람들이 가 보고 싶어 하는 나라이기도 해요. 그래서 한때 관광객들이 넘쳐났지요. 부탄 사람들은 관광객을 안내하며 돈을 벌기 시작했어요. 그러자 부탄의 국왕이 관광객 인원수에 제한을 두었어요. 부탄 국왕의 결정은 참 놀랍고도 바람직한 것 같아요. 관광객을 통해 외화를 벌어들여 경제적으로 발전할 수 있는데도, 국민들이 농사를 지으며 편안하고 행복하게 사는 길을 택했으니 말이에요.

화려하지 않지만 천천히, 진정한 행복을 느끼며 살아가는 부탄은 우리에게 진짜 행복이 무엇인지를 생각하게 해 주지요.

8 나에게 공기 같은 것

초등 과학

　우리 주위를 둘러싸고 있는 공기에 대해 이야기를 해 볼까요? 지구 표면을 둘러싸고 있으며, 지구의 모든 생명이 살아가는 데 꼭 필요한 것이지요. 공기가 있어야 지구상의 식물들이 숨을 쉬고 살아갈 수 있어요. 바람이 부는 것도 공기가 있기 때문이지요. 비행기가 하늘을 나는 것도, 열기구를 공중에 띄울 수 있는 것도 모두 공기가 있기에 가능한 일이에요.

　공기가 없다면 무슨 일이 생길까요? 공기는 늘 당연히 있는 것이기에

 그런 상상을 해 본 적이 없을 거예요. 한 번 상상해 보세요. 어휴…. 정말 끔찍하지요? 사람을 포함해 모든 생물이 살아가기 어렵게 되겠지요. 그뿐만이 아니라 지구는 태양에 그대로 노출되어 뜨거운 태양열을 그대로 받게 될 거예요. 비도 바람도, 구름과 눈도 볼 수 없어요. 지구는 더 이상 생명이 살 수 없는 행성이 될 거예요.
 이런 상상을 해 보면 공기가 얼마나 귀한지 알게 되고, 공기가 오염되지 않게 하는 것이 얼마나 중요한지 깨닫게 되지요. 늘 우리와 함께 있는

것이라 중요한 역할을 한다고 생각하지 못했을 거예요.

최근에는 공기가 오염되면서 숨을 쉬기 힘들다는 공포를 느끼기도 해요. 바로 미세 먼지 때문이에요. 어린이들도 학교에 오면 "오늘은 미세먼지 어때요?", "점심 때 밖에 나가 놀 수 있어요?" 하고 물어요. 맑은 하늘을 본 게 언제인가 하는 생각을 하게 될 때가 많아요. 맑은 하늘이 있는 다른 나라의 사진과 영상을 보면 부러운 마음이 들기도 하지요. 언젠가 공기를 사서 마시게 될지도 모른다는 두려움까지 생겨요.

우리 주변에는 공기 같은 역할을 하는 사람이나 사물 등이 아주 많이 있어요. 늘 가까이에 있어 소중함을 느끼지 못하는 것! 하지만 그것이 이 세상에서 없어지는 순간, 상상하기 싫은 일이 일어나게 되지요.

여러분 주변에 공기 같은 역할을 하는 것은 무엇인가요?

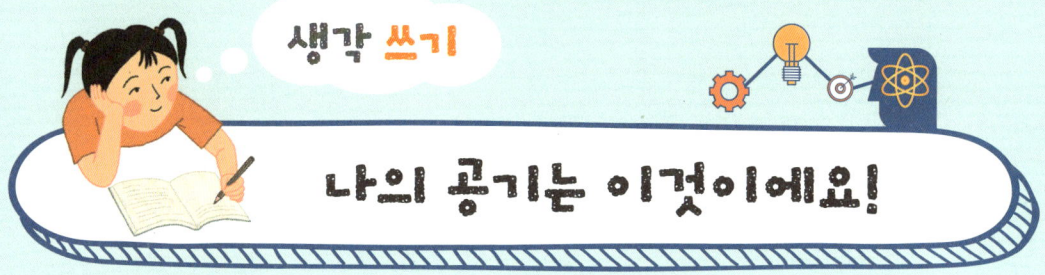

나의 공기는 이것이에요!

　답답한 마음이 들 때 나를 숨쉬게 해 주는 공기는 무엇인가요? 사람마다 다 다를 거예요. 어떤 사람은 음악, 어떤 사람은 게임, 어떤 사람은 특정 사람일 수도 있어요. 나에게 공기 같은 것은 무엇인지 떠올려 보세요.

- 음악
- 텔레비전
- 게임
- 아빠
- 엄마

 친구 생각

친구들의 생각을 들어 봅시다. — 민백초등학교 5학년 유서현

라면
음악
학교
일요일
오빠
텔레비전
동생
게임
아빠
마블
엄마

교과서로 **철학하기**

아이를 변화시켜 준 공기, 그림

한 아이가 있었어요. 왠지 모르게 말수도 적고, 친구들과 잘 어울리지 못하는 아이였지요. 집에서도 그 아이는 늘 혼자였어요. 부모님이 모두 직장에 다니니, 학교에서 돌아온 뒤에도 혼자인 날이 많았어요.

그 아이에게 공기는 하얀 도화지예요. 도화지에 자신이 그리고 싶은 것을 마음껏 그렸어요. 집에서 키우는 강아지도 그림의 모델이 되었어요. 학교에서도 시간이 날 때마다 그림을 그렸어요. 친구들과 어울려 놀기보다는 그림 그리기를 좋아해서, 선생님이 걱정을 하기도 했어요.

그림은 그 아이에게 두 번째 공기예요. 그림을 그리는 순간만큼은 모든 답답함이 사라지고, 가슴도 따뜻해졌어요. 그런데 놀라운 변화가 생겼어요. 시간이 흐르면서 그런 공기가 다른 친구들에게 퍼져 나가기 시작했어요.

이전 학년 때까지는 친구가 많지 않았는데, 이제 자신이 그린 그림으로 친구들과 대화를 하기 시작했어요. 친구가 좋아하는 것을 그려 선물하기도 하고, 반 아이들의 특징을 잡아 캐릭터를 그리기도 했지요. 친구들은 그 아이의 그림을 보며 깔깔거리며 웃기도 하고, 신기해하기도 했어요. 항상 조용히 지내던 아이는 점점 말수가 늘고, 주변에 모여든 친구들과 즐겁게 이야기를 나누었어요. 여러 사람들과 함께 자신의 공기인 그림을 나누게 된 거예요.

9 초등 사회

사라질 위기에 처한 것을 살리는 법

우리가 살고 있는 지구에는 얼마 뒤면 사라지게 될 섬들이 있어요. 그중 하나가 남태평양 적도 부근에 있는 투발루라는 섬이에요.

투발루는 길고 좁은 9개의 작은 섬으로 이루어진 섬나라예요. 푸른 바다가 아름답고, 티 없이 맑은 웃음을 지으며 바닷가에서 뛰어노는 아이들을 만날 수 있는 그런 섬이지요. 넓지 않은 비행장은 아이들의 축구장이 되기도 해요. 축구를 할 수 있을 만큼 넓은 곳이 비행장밖에 없거든요.

그런데 이런 투발루의 섬 중에 2개가 바닷물에 잠기고 말았어요. 그리고 나머지 섬들도 점점 바닷물에 잠겨기고 있대요.

투발루는 왜 사라져야 할 운명에 처한 것일까요? 그건 바로 지구 환경의 변화 때문이에요. 지구의 기온이 높아지는 온난화 현상이 일어나면서, 북극과 남극의 빙하가 녹아내리고 있죠. 빙하가 녹아내리다 보니, 바닷물의 높이가 점점 높아지게 되었고 투발루 땅이 바닷물에 잠기게 되었어요. 매년 5mm씩 해수면이 높아지고 있는데, 학자들의 연구에 의하면 투발루는 50년~100년 뒤 바다 속으로 잠길 거라고 해요.

투발루가 물에 잠기기 전에 그곳에 살고 있는 사람들은 어디론가 떠나야 해요. 그러기 위해서는 다른 나라에서 투발루 사람들을 받아 주어야 해요. 그런데 생각처럼 쉬운 일이 아니랍니다. 또 자신이 태어나 자란 곳을 떠나야 하는 사람들의 마음도 편치 않을 것이고요.

우리가 투발루를 위해 할 수 있는 일은 무엇일까요? 투발루가 물에 잠기지 않도록 하는 것이죠. 빙하가 녹아내리는 걸 막는 것 말이에요. 지구의 온도가 높아지는 것을 막아야 해요. 이는 투발루만 살리는 길이 아니라, 우리 스스로를 위한 길이기도 해요. 언젠가는 또 다른 어딘가가 바다에 잠길지 모르니까요.

지금부터 지구 환경을 지키기 위해 우리가 할 수 있는 일은 무엇일까 생각해 봅시다.

생각 쓰기

인간의 이기심 때문에…

제주도에는 비자림이라는 숲이 있어요. 그곳에는 500~800년생 비자나무 약 3천 그루가 자라고 있지요. 아름다운 천년의 숲으로 산림욕을 즐기려는 탐방객들의 발길이 끊이지 않고 있어요. 그곳을 걷고 있으면 나도 모르게 여유가 생겨요.

그런데 2차선인 비자림로를 4차선으로 넓히면서 삼나무 약 900그루를 잘라냈어요. 환경 단체를 비롯해 비자림을 아끼는 많은 사람들이 비난했어요. 사람들의 편리를 위해 도로를 넓히려고 했지만, 오히려 소중히 지켜나가야 할 것들을 망치고 말았거든요.

우리 주변에도 인간의 편리함을 위해 훼손되는 것들이 많이 있습니다. 신문 기사나 책을 읽고 그런 예를 찾아보세요.

친구 생각

친구들의 생각을 들어 봅시다. - ○○초등학교 학생 글

우리가 생각하지 못하는 사이 파괴되어 가는 것들이 많다고 생각한다. 그중 대표적인 예는 환경이다. 아무 생각 없이 무심코 '나 하나인데 어때.' 하는 생각으로 쓰레기를 버리기 때문이다. 투발루 같은 섬도 지구 온난화 때문에 빙하가 녹아서 점점 바다 속으로 가라앉기 시작하는 것 같다. 이를 막기 위해서 우리가 할 수 있는 것은 일회용품을 되도록 사용하지 않는 것이다.

나도 모르는 사이에 일회용 컵에 물을 따라 마시고, 비닐봉지를 아무렇지 않게 사용하고 있다. 물티슈 사용량도 부쩍 늘었다. 편리함을 위해 사용하는 것들이 훗날 나에게 어떤 재앙을 줄지 가끔 무섭기도 하다.

교과서로 철학하기

친환경 도시 쿠리치바와 프라이부르크

사람들이 살고 싶어 하는 도시가 있어요. 바로 친환경 도시인 브라질의 쿠리치바와 독일의 프라이부르크입니다. 이 두 도시는 세계적인 녹색 도시로, 전 세계 사람들이 살고 싶어 하는 도시예요. 그런데 이 도시가 친환경 도시가 된 것은 도시를 이끌어 가는 시장을 비롯한 여러 사람들의 노력 덕분이에요.

쿠리치바는 지금 녹색 도시를 자랑하고 있지만, 과거에는 어둠의 도시였어요. 제대로 된 공원 하나 없고, 환경오염이 심한 곳이었지요. 하지만 오랫동안 친환경 도시를 꿈꾸며 일군 도시 개발 계획으로 새로운 모습으로 변했지요. 건물을 짓더라도 예전의 건물을 무조건 부수고 새로 짓는 것이 아니라, 뼈대는 살리는 방식으로 했어요. 문화 유산들도 철저하게 보전하려고 노력했지요. 또 건물들 사이에 거리를 두도록 했고, 주변에 개발하지 않은 녹지는 남겨 두었어요.

무엇보다 쿠리치바의 자랑은 잘 연결된 자전거 도로망과 도시 어디서든 만날 수 있는 공원이에요. 곳곳에 있는 공원에는 물길을 연결하여 다양한 동식물들이 살 수 있게 해 주었어요.

독일의 프라이부르크는 자전거 공영 주차장과 태양에너지를 활용하는 건물들을 곳곳에서 볼 수 있어요. 시민들도 음식물 쓰레기를 잘 남기지 않고, 쓰레기가 생기더라도 땅에 묻거나 거름으로 사용할 수 있는 시설들을 만들었답니다.

61

10 기술의 발전과 경제 성장으로 잃어가는 것들

초등 국어/미술

"요즘 세상 참 좋아졌구나!"

연세 많은 할머니, 할아버지들이 하시는 말씀이에요. 멀리 떨어져 사는 손자, 손녀와 언제든지 영상통화를 할 수 있고, 사진을 찍어 바로 보낼 수도 있으니까요. 그뿐인가요? 노인들만 사는 집에 CCTV를 설치하면,

　자식들이 부모님의 상태를 언제든 볼 수 있지요. 혹여 위험한 일이 생기면 안 되니까요. 집에 있는 가전제품도 집 밖에서 스마트폰으로 조종할 수 있어요.
　1990년대 중반에 한 드라마의 인기가 무척 높았어요. 그 드라마를 보기 위해 드라마 방영 시간에 맞춰 집에 가기 바빠 거리에 사람들이 없을 정도였어요. 그래서 그 드라마를 '귀가 시계'라고 불렀답니다. 하지만 지금은 언제든지 보고 싶은 방송을 볼 수 있어서 그런 일은 거의 없지요.
　버스 정거장에서 버스를 하염없이 기다리는 일도 없어졌어요. 내가 탈 버스가 언제 도착하는지 버스 정류장마다 설치된 전광판을 통해 알 수 있으니까요. 지하철도 마찬가지예요. 거리에서 손을 흔들며 택시를 잡는 모습도 예전보다 줄었고요. 스마트폰을 이용해 자신이 있는 곳까지 택시를 불러 타고 가면 되거든요. 여러 사람이 모이는 번거로움 없이 화상으로 원격 회의를 하는 것은 이제 특별한 일이 아니에요. 이런 현상은 모두가 기술의 발전과 경제 성장으로 인한 결과예요.

　1950년 6·25 전쟁 이후 우리나라는 경제 성장을 위해 달려왔어요. 전쟁으로 폐허가 된 나라의 산업을 다시 일으켜 세웠고, 이제는 반도체와 정보 통신 산업 기술이 세계에서 으뜸가는 나라가 되었지요. 기술의 발전과 경제 성장이 세상을 크게 변화시킨 거예요.

　상상했던 일들이 현실화되면서 인공지능(AI)이 우리 삶에 깊이 들어오고 있지요. 영화에서만 보던 모습을 이제 현실 속에서 경험할 수 있게 되었어요. 집에서도 로봇 청소기가 청소를 대신해 주고 있잖아요.

　그런데 기술의 발전과 경제 성장이 우리를 행복하게만 해 줄까요? 성장과 발전으로 잃어가고 있는 것은 없을까요?

생각 쓰기

스마트폰 없인 못 살아!

한 아주머니가 지하철 안에서 허겁지겁 무언가를 찾고 있었어요. 스마트폰을 잃어버린 거예요. 아주머니는 스마트폰 기계를 잃어버린 게 문제가 아니라, 그 안에 담겨 있는 여러 가지 정보가 노출될까 봐 걱정이 되었어요. 은행 거래, 전화번호, 문자 내용, 신용카드 정보 등 많은 것이 그 안에 있거든요. 스마트폰을 잃어버리니 가족이나 친구에게 전화를 걸 수도 없었어요. 다른 사람의 전화번호를 기억하지 못하거든요.

사람들은 이렇게 스마트폰 없이는 한시도 살 수 없는 세상에 살고 있어요. 너무 많은 것을 스마트폰에 의지해 살아가고 있지요. 여러분이 스마트폰에 의지하는 모습을 표현해 보세요. 그리고 그런 모습에 대해 어떻게 생각하는지 써 보세요.

친구 생각

친구들의 생각을 들어 봅시다. - ○○초등학교 학생 글

　기술이 발전하면 발전할수록 사람들은 발전에만 기대는 것 같아요. 예를 들어 나는 스마트폰에 너무 많이 의지해서 스마트폰이 옆에 없으면 막막하고 연락을 못할 때 불안감을 느껴요. 이처럼 대책 없이 계속 발전하는 기계에만 의존하여 살아간다면 사람들은 스스로 생각하는 법과 통찰력을 잃어갈 거라고 생각해요. 환경 문제도 마찬가지예요. 최첨단 기계를 만들 재료를 찾느라 생태 피라미드가 무너지고 많은 생명이 죽어가고 있어요. 사람들을 위한 발전이라지만 나중엔 오히려 사람들에게 고통을 주지 않을까요?
　기술의 발전이 인간에게 진정한 행복을 주려면 또 다른 무엇인가가 필요해요. 사람들의 깊은 생각 같은 것이요.

교과서로 철학하기

게임기와 스마트폰이 없었어요!

1970년대 후반에서 1980년대 초반까지 농촌에는 마을 전체에 전화기가 한 대밖에 없었어요. 보통은 마을 이장님 집에 전화기가 있었지요. 전화가 걸려 오면 방송을 했어요.

"○○이 어머니, 전화 받으세요. 서울에 있는 딸한테서 전화 왔어요."

방송 소리가 들리면, 아궁이에 불을 때며 저녁을 짓던 어머니가 이장님 집으로 한걸음에 달려갔어요. 이렇게 전화 한 통화만 와도 온 동네 사람들이 다 알게 되었던 그때, 좋은 일도 슬픈 일도 함께 기뻐해 주고 안타까워했지요. 이웃집도 더 자주 드나들었어요.

아침이면 이집 저집 들러 친구들과 함께 학교에 갔어요. 굳이 '딩동' 하고 초인종을 누르지 않아도 대문은 늘 열려 있었지요. 하굣길에는 학원 갈 생각에 마음이 무거운 것이 아니라, 가방을 던져 놓고 친구들과 놀 생각에 마냥 신이 났어요. 게임기나 스마트폰은 없었지만 아이들은 정말 신나는 하루하루를 보냈어요. 학교 운동장에서 뛰어노는 아이들을 볼 수 없는 지금과는 달랐어요.

지금은 과학 기술이 발달하고 물질적으로 풍요롭지만, 사람들은 많은 것을 잃어가며 살아가고 있어요. 대화할 시간도, 서로 마음을 나눌 시간도 말이지요.

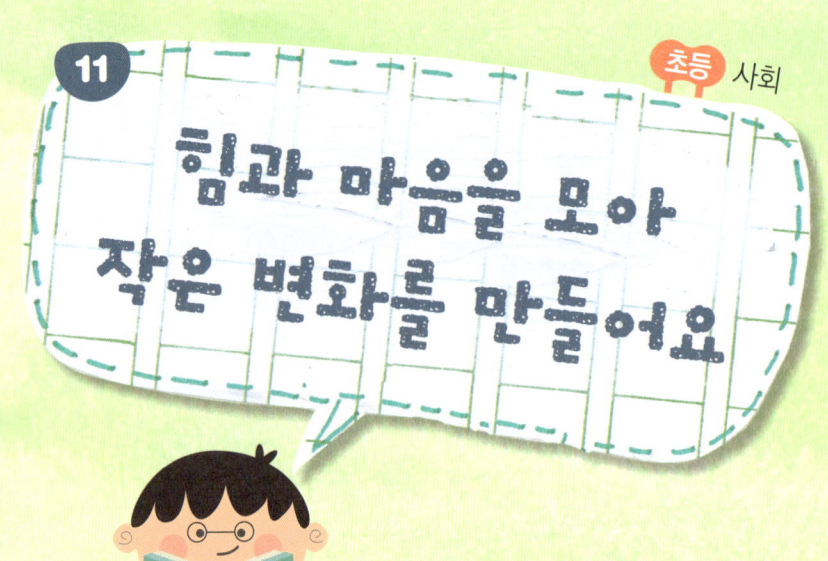

11 초등 사회

힘과 마음을 모아 작은 변화를 만들어요

우리 조상들이 남긴 전통 중 의미 있는 것들이 참 많이 있어요. 그중 하나가 두레와 품앗이에요.

두레는 힘든 일들을 함께 해결하기 위해 마을에서 만든 조직이에요. 농촌에서 모내기를 하거나, 잡초를 뽑는 김매기와 같은 힘든 일을 하기 위해 만든 조직이지요. 조선 후기 모내기법이 널리 실시되면서 두레가 활성화되었어요. 모내기나 김매기와 같은 일을 하기 위해서는 많은 사람

들이 필요하잖아요. 그러니 집집마다 한 사람씩만 나와 일손을 도와주어도 뚝딱 일을 해낼 수 있었지요. 기계는 없었지만 함께 힘을 모아 일을 하다 보면 어느새 모내기나 김매기가 끝났어요. 조선 시대에는 의무적으로 한 집안에서 1명씩 두레에 속해야 했어요. 두레가 활성화되면서 동시에 발전한 것이 풍물(농악)이에요. 마을에서 모내기를 할 때 옆에서 흥을 돋우기 위해 풍물을 쳤지요.

여자들은 옷감을 짜기 위해 함께 힘을 모았어요. '길쌈'이라고 들어본 적 있지요? 이것이 바로 여성들의 두레예요. 《삼국사기》에는 길쌈이 어떻게

시작되었는지 기록이 나와 있어요.

　신라 유리왕 때에는 추석 한 달 전에 여인들이 궁궐 뒤뜰에 모여 편을 가르고 길쌈을 했어요. 길쌈 대결에서 진 팀이 이긴 팀에 햇곡식과 햇과일로 만든 음식과 술을 대접하고, 밤새 노래를 부르며 잔치를 벌였지요. 이것을 '가배'라고 불렀는데, 순우리말로 '가위'라고 해요. 이것이 바로 추석, 한가위의 유래가 되었지요. 길쌈 대회는 부녀자들이 한 두레의 시작이라고 할 수 있어요.

　두레는 공동으로 노동을 하는 조직이에요. 하지만 마을끼리 하는 줄다리기나 차전놀이처럼 편을 나누어 대결할 때도 두레가 그 역할을 톡톡히 해냈어요.

　품앗이는 '품아이', '품바꾸기'라고도 하는데, 농사 일이나 김장 등을 할 때 도움을 받으면 다음번에 갚는 의미로 일을 돕는 거예요.

　우리 조상들이 행했던 두레나 품앗이는 여럿이 함께하는 전통이에요. 좋은 일이든 어려운 일이든 힘을 모아 서로서로 돕는 정신이지요. 이를 '상부상조'라고 해요. 대부분의 사람들이 농사를 짓고 살던 시대라, 두레와 품앗이 전통이 꼭 필요했지요.

　지금도 상부상조 정신을 엿볼 수 있는 전통이 남아 있어요. 우리 주변에서 찾아보세요.

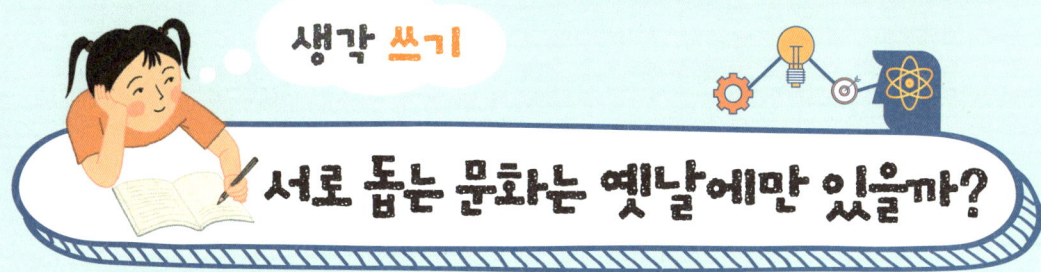

서로 돕는 문화는 옛날에만 있을까?

　두레와 품앗이처럼 서로를 돕는 문화는 옛날에만 있을까요? 시대가 변했지만, 힘을 모아 함께 일하고 어려움을 해결하는 모습은 남아 있어요. 왜 그럴까요?

　사람은 혼자서 살아갈 수 없기 때문이에요. 혼자서 할 수 있는 일도 많지 않답니다. 우리는 도움을 주고받으며 함께 배우고 더불어 살아가는 존재예요. 아이를 기르고 교육하는 일, 지역의 문제를 해결하는 것도 혼자 힘으로는 할 수 없거든요.

　두레와 품앗이처럼 전통을 이어가고 있는 모습을 찾아보고 그렇게 하면 좋은 이유를 써 보세요.

친구들의 생각을 들어 봅시다. – 제주 아라초등학교 4학년 고예은

김장은 가족이 다 같이 맛있게 먹을 음식이기 때문에 가족과 마을 사람들이 힘을 모아 같이 하면 좋다. 예전에 김장하는 외할머니를 도와드린 적이 있었는데 무거워서 힘들어 죽을 뻔했다.

우리 집은 식구가 다섯 명이다. 엄마는 동생을 돌보고 아빠는 청소를 하고, 나는 쓰레기 분리수거를 하고, 동생은 신발을 정리하는 등 각자만의 담당 업무가 있다. 내가 할 수 있는 일이 있어서 무척 뿌듯하다.

서로 돕는 마을, 성미산 마을

　대한민국에서 가장 많은 사람들이 살며, 하루가 가장 바삐 돌아가는 곳은 어디일까요? 바로 서울이에요. 그런데 서울에 두레와 품앗이의 전통이 남아 있는 마을이 있어요. 바로 성미산 마을이에요. 성미산 마을은 서울시 마포구 성산동에 있어요.

　이 마을이 생긴 것은 1994년 즈음이에요. 사람들이 서로 도우며 아이들을 함께 기르면서부터였지요. 아이들을 위해 어린이집을 만들고, 대안 학교인 성미산 학교도 만들었어요. 맨 처음에는 아이들을 잘 키워 보려는 마음에서 시작했는데, 점점 어떻게 잘 어울려 살까를 고민하기 시작했어요.

　마을 사람들은 서로 정겹게 인사를 나눠요. 풀꽃 님, 봄내음 님 등 정겨운 이름으로 서로를 부르지요. 아이들은 마음껏 뛰어놀아요. 어느 집이든 들어가서 도움을 청해도 돼요. 아이스크림 가게에는 생과일을 갈아 만든 아이스크림을 팔아요. 작은 도서관도 있고 공연장도 있지요.

　성미산 마을은 도시에서 살아가는 사람들이 꿈꾸는 공동체 마을이에요. 일하러 나간 옆집 아주머니를 대신해 골목길에서 뛰어노는 아이들을 함께 돌보던 옛 동네가 생각나는 곳이랍니다.

초등 국어/사회/도덕

12. 흥부는 왜 가난했을까요?

전래동화 《흥부전》 알지요? 부자인 놀부 형님과 가난한 아우인 흥부가 나오는 이야기 말이에요. 욕심 많은 놀부는 벌을 받고, 착한 흥부는 복을 받는다는 권선징악(선한 것은 권하고, 악한 것은 벌한다.)의 교훈을 주는 이야기지요.

그런데 왜 흥부는 가난하고 놀부는 부자가 된 것일까요? 우리가 읽은 동화책에는 흥부가 아이도 많고, 다소 게으른 것처럼 나오지요. 또 욕심 많은 형인 놀부가 동생을 도와주지 않고 자기 잇속만 챙겨서 흥부가 가난한 것이라고 설명해 주지요.

그런데 정말 그런 이유일까요? 사실 놀부가 부자이고 흥부가 가난할 수밖에 없는 이유는 따로 있어요. 흥부가 너무 게으르거나 아이를 많이 낳아서도 아니고, 놀부의 욕심 때문만도 아니랍니다.

당시 조선 후기 사회는 지금과 달랐어요. 조상의 제사를 모시고 대를

복지 제도가 필요해

이을 큰아들에게 부모의 재산을 모두 물려주었어요. 딸에 대한 차별은 더욱 심했고요. 그러다 보니 재산을 물려받은 큰아들은 넓은 땅과 노비를 거느린 부자가 될 수밖에 없었지요. 장자(그 집안의 대를 이을 큰아들)는 대대로 물려받은 땅과 재산을 바탕으로 특별히 일을 하지 않아도 떵떵거리며 살 수 있었어요. 반면, 다른 형제들은 아무리 열심히 일을 해도 가난을 면치 못했어요.

이런 생각을 해 본 적이 없다고요? 그럴 거예요. 가난한 이유를 대부분 개인이 게으르기 때문이라고 생각하기 때문이에요. 성공하고 부자가 되는 것도 모두 그 사람이 성실하기 때문이라고 생각하고요. 정말 능력이 없고 성실하지 못해서 가난하고 힘들게 사는 것일까요? 자, 사람들이 이렇게 생각한다면 어떨까요?

"태어나 보니 우리 집은 엄청난 부자야. 아무 일도 하지 말고 편안하게 떵떵거리며 살아야지." 혹은 "태어나 보니 우리 집은 가난해. 가난한 집안은 희망이 없어. 내 목표는 오직 부자가 되는 거야."

무엇이 잘못된 것일까요?

이런 눈으로 《흥부전》을 다시 읽어 보면, 부와 가난을 제도의 문제로도 생각해 볼 수 있어요. 또 한 사람이 잘못해서가 아니라, 규칙이나 제도에 문제가 있어서 생긴 일도 있어요.

한 사람의 잘못이 아닐 수도 있어요

학교에서 생기는 여러 가지 문제들을 《흥부전》에 비추어 보세요. 좋지 않은 일이 생겼을 때 그것을 개인의 잘못으로만 돌린 적은 없나요? 혹시 교실의 규칙과 규율 때문에 생긴 것은 아닐까요? 제도나 규칙의 문제인데 여러분의 잘못이 된 일이 있었나요? 여러분이 겪었거나 주변에서 일어난 일을 써 보세요.

친구 생각

친구들의 생각을 들어 봅시다. - 경인초등학교 4학년 김은서

① 모르는 문제는 몇 번이나 설명을 들어도 잘 모르겠다. 이럴 때 선생님이 화를 내지 말고 더 쉽게 설명을 해 주려고 노력하거나 응용 문제를 더 주시면 좋겠다.

② 우리 반에서는 발표를 잘하거나 숙제를 해 오면 받는 쿠폰이 있다. 이 쿠폰을 쓸 수 있는 칭찬 시장이 열릴 때 국어 문제를 끝낸 사람이 먼저 살 수 있게 해 주면 좋겠다. 또는 모둠별로 돌아가면서 하거나 가위바위보로 정하면 좋겠다.

③ 과제를 마치지 못해서 꾸중을 들은 적이 있다. 시간은 조금밖에 없고 과제는 많고 다 하기가 어려웠다. 못한 아이들은 과제를 집에서 하도록 하거나 자유 시간에 했으면 좋겠다.

교과서로 철학하기

양극화를 해결하기 위해 어떤 노력을 해야 할까요?

우리나라는 약 50년 동안 엄청난 발전을 했어요. 먹을 것이 없던 보릿고개를 나기 위해 힘겨워 했던 적도 있고, 학생들이 도시락을 싸 오지 못해 수돗물로 배를 채우던 시기도 있었지요. 하지만 이제는 그런 모습을 찾아볼 수 없어요. 경제 성장에 따른 결과이지요.

그렇다면 경제 성장이 가져온 혜택이 여러 사람들에게 골고루 가고 있을까요? 그렇지 않아요. 부자는 더욱 부자가 되고 가난한 사람들은 여전히 많이 있으니까요. 이런 사회 모습을 가리켜 양극화라고 해요. 왜 이런 모습이 나타나는 것일까요?

부자인 사람은 열심히 일을 하고, 가난한 사람은 게을러서일까요? 지금까지 살펴본 바와 같이 이것은 제도 때문일 가능성이 높아요. 특히 돈이 많은 부자가 자기 재산을 모두 자녀에게 물려주면 양극화가 더욱 심해지지요. 어린 아이가 집을 몇 채 갖고 있다는 기사도 나오고, 지역별 집값도 차이가 무척 커요. 집이 돈을 버는 수단이 되고 있는 모습도 참 안 타까워요.

어떤 사람은 부모에게 물려받은 것으로 더 많은 재산을 모으기도 하지만, 어떤 사람은 아무 도움 없이 혼자 일을 해서 생활하느라 다양한 기회를 얻지 못하기도 해요.

양극화를 어떻게 해결할 수 있을지 생각해 보아야 해요. 내 재산이니 자식에게 물려주는 것이 당연하다는 것도 다시 한 번 생각해 볼 문제고요. 함께 잘 사는 세상을 만들기 위해서는 생각을 바꾸는 게 가장 중요해요. 함께 나누며 살아가야 한다는 마음을 잊지 말고 작은 실천을 해 나가면 조금 더 나은 세상이 될 거예요.

"나에게 가장 큰 힘이 되는 사람은 누구입니까?"라는 질문을 하면, 많은 친구들이 부모님 또는 가족이라고 말합니다. 특히 부모님을 생각하면 '아낌없이 주는 나무'가 생각난다고 이야기하는 친구도 있어요.

살아가면서 가장 큰 버팀목이 되어 주는 사람은 나의 가족이에요. 즐거운 일이 있을 때 가장 먼저 알리고 싶은 사람, 속상한 일이 있을 때 가장 위로받고 싶은 사람도 대부분 가족입니다.

엄마에게 칭찬을 들어 마음이 기쁘다는 어린이, 엄마에게 꾸중을 들어 속상하다는 어린이, 아빠와 단둘이 여행을 다녀와 행복하다는 어린이, 아빠에게 용돈을 받아 기분이 좋다는 어린이도 있어요.

조선 시대 어린이들이 공부하던 《명심보감》이라는 책에 '가화만사

성'이라는 고사성어가 나와요. 한마디로 집안이 화목해야 모든 일이 잘 된다는 뜻이지요. '자식이 효도하면 어버이가 즐겁고, 집안이 화목하면 만사가 이루어진다.'는 말이에요. 예로부터 우리나라 사람들에게는 이런 생각이 강했어요.

다른 나라 사람들도 비슷하겠죠? '나'라는 존재가 시작되는 곳도 가정이고, 어떤 일이 있어도 '나'를 보듬어 주고 내가 기댈 수 있는 곳도 가정이지요.

가정의 구성원인 가족은 우리에게 큰 의미이고 소중한 사람들인 게 분명해요. 그런데 가족이 서로에게 힘이 되려면, 노력이 필요하다는 것 아세요? 우리가 바라는 가족 구성원이 되기 위해 어떤 노력을 기울여야 할지 함께 생각해 보아요.

우리 가족은 ○○이다!

가족은 여러분에게 어떤 사람인가요? 가장 편안한 사람이라고요? 가끔은 스트레스를 주기도 한다고요? 가족은 이런 모습, 저런 모습으로 항상 나와 함께하는 사람들이지요. 우리 가족을 다양하게 표현해 보세요.

❶ 우리 가족은 ○○이다.

> **예시**
> 우리 가족은 소금이다. 꼭 필요하지만, 너무 심하게 간섭하기 때문이다.
> 우리 가족은 내비게이션이다. 어디로 가야 할지 나를 안내해 주기 때문이다.

우리 가족은 _____이다.
_____ 때문이다.

❷ 우리 가족을 그림으로 표현해 보세요.

친구들의 생각을 들어 봅시다. – 민백초등학교 5학년 유서현

❶ 우리 가족은 ○○이다.

우리 가족은 __신발__ 이다.
__항상 같이 있어야 하기__ 때문이다.

❷ 우리 가족을 그림으로 표현해 보세요.

교과서로 철학하기

입양, 새로운 가족이 되는 길

흔히 가족은 같은 핏줄을 가진 사람들이라고 생각하지요. 같은 핏줄이 아니어도 한 가족이 되어 살아가는 사람들도 많이 있어요. 부모님이 재혼을 해서 새로 형제자매가 되는 경우도 있고, 부부가 자녀를 입양하는 경우도 있어요.

배우 부부가 두 명의 딸을 입양했다는 이야기가 전해졌어요. 과거에는 입양한 사실을 숨기는 경우가 많았는데, 이젠 그렇지 않아요. 배우 부부의 딸은 부모에게 자신을 입양해 주어 감사하다는 편지를 썼고, 그에 대한 답으로 부부는 우리 딸이 되어 주어 감사하다고 말했지요. 이 장면이 텔레비전으로 방영되었고, 이 모습을 보고 많은 사람들이 감동을 했어요.

우리가 아는 유명한 사람들 중에 입양되어 새로운 가족을 만난 경우가 종종 있어요. 애플 창업자인 스티븐 잡스, 남아프리카 공화국의 대통령이었던 넬슨 만델라도 마찬가지예요. 입양은 흔히 볼 수 있는 가족의 모습은 아니에요. 어쩔 수 없이 친부모와 떨어지게 된 아픔을 겪은 아이들이 새로운 가족과 함께 살아가며 미래를 꿈꿀 수 있게 해 주는 제도이지요.

이렇게 입양으로 이루어진 가족은 어떤 가족보다 더 따뜻한 가족이 될 수 있답니다.

14 어떤 어른이 되고 싶나요?

초등 국어/도덕

여러분에게 "어떤 어른이 되고 싶은가요?" 하고 물어보면 대부분 이렇게 대답할 거예요.

"멋지고 훌륭한 어른이요."

그런데 "어떤 어른이 멋지고 훌륭한 사람인가요?"라고 물어보면, 그때는 머리를 갸우뚱하지요. 왜냐하면 어떤 어른이 멋지고 훌륭한 사람인지 깊게 생각해 본 적이 없거든요. 유명한 사람이 훌륭한 어른이라고 말하는 친구도 있는데, 여러분은 어떻게 생각하나요?

'어른'은 정확히 무슨 뜻일까요? 인터넷에서 '어른'을 검색하면 '다 자란 사람'이라고 나옵니다. 한자로는 '성인(成人)'이라고 하고요. 다 자라서 자기 일에 책임질 수 있는 사람을 뜻하지요. 성인은 민법상으로 19세 이상의 사람으로, 여러 가지 권리를 갖습니다. 선거도 할 수 있고, 선거에 후보로도 나갈 수 있어요.

하지만 어른이라고 해서 다 같은 어른은 아니에요. 어른다운 어른이 있는가 하면, 전혀 어른답지 못한 어른도 있지요. 키가 자라고 몸집이 커진다고 진짜 어른이 되는 것은 아니거든요. 또 나이를 먹는다고 제대로 된 어른이 되는 것도 아니고요. '어쩌다 어른'이 되었을 뿐이라고 말하는 어른도 있어요.

우리는 이제 점점 자라 어른이 될 거예요. 그런데 어떤 어른이 되는가는 각자가 어떤 노력을 하는지에 따라 달라집니다. 어떤 사람들은 차근차근 어른이 되는 준비를 하며 어른다운 어른이 되려고 노력하지요. 하지만 그렇지 못한 사람도 많아요. 어린이들의 눈에도 '저건 아닌데.' 하는 생각이 들게 하는 어른들도 많지요.

정말 괜찮은 어른이 되려면, 어렸을 때부터 어떤 어른이 되고 싶은지 한 번쯤은 생각해 보아야 해요. 그리고 작은 것부터 하나하나 준비해 나가야 해요. 교과서에 나올 만한 위대한 일을 한 어른도 있고, 남을 위해 희생하는 어른도 있어요. 또한 묵묵히 자기 자리를 지키며 작은 일을 실천하는 어른도 있어요.

자, 지금부터 우리 주변을 둘러보세요. 어때요? 닮고 싶은 어른들이 많이 있지요?

이 사람을 닮고 싶어요!

닮고 싶은 어른이 있나요? 평소 생각해 온 어른다운 어른은 어떤 모습인가요? 가장 가까운 곳에서 만날 수 있는 어른을 떠올리며 닮고 싶은 점을 생각해 보세요. 내가 되고 싶은 어른도 써 보세요.

닮고 싶은 어른

어떤 점을 닮고 싶은가요?

되고 싶은 어른

왜 그런 어른이 되고 싶나요?

교과서로 **철학하기**

톤즈 마을의 영원한 친구, 이태석 신부님

우리 사회에는 자신이 맡은 책임을 다하고 성실하게 살아가는 어른들이 많이 있어요. 하지만 자신의 모든 것을 희생하며 누군가를 도우며 살아가는 것은 쉬운 일이 아니에요. 그런데 그런 어른이 있어요. 바로 이태석 신부님이에요. 아프리카 수단에 있는 톤즈 마을의 선물이 되었던 분이에요.

이태석 신부님은 톤즈 마을 사람들을 위해 아낌없는 나무가 되었던 분이지요. 그는 원래 의사가 되기 위해 의과 대학을 졸업했어요. 그런데 다시 신부가 되었어요. 의사인 신부님은 아프리카에 있는 남수단의 톤즈라는 마을로 갔어요. 그곳은 오랫동안 전쟁이 있었던 곳으로, 가난과 질병으로 고통받는 사람들이 많았어요. 특히 그곳 사람들 중에는 한센병 환자들이 많았어요. 그들은 손과 발이 썩어 들어가도 치료 한번 제대로 받지 못하고 하루하루를 살아가고 있었어요.

톤즈 마을에 도착한 이태석 신부님은 그들을 치료하기 시작했어요. 먼지가 날리는 도로를 달려 이 마을 저 마을을 옮겨 다니며 아픈 사람들을 치료했어요. 병원을 세워 더 많은 사람들을 치료하기도 하고, 학교도 세워 아이들을 가르쳤고요. 그리고 전쟁으로 마음에 상처를 입은 아이들에게 악기를 가르쳐 주었어요. 아이들은 악기를 연주하며 전쟁의 상처를 극복하고 평화의 소중함을 느꼈어요.

정말 힘들고 고된 날들이었어요. 하지만 마음만은 늘 기뻤으며, 입가에는 늘 웃음이 가득했지요. 톤즈 마을도 이태석 신부님 덕분에 조금씩 변해 갔어요. 아이들은 학교에서 공부를 하기 시작했고, 병으로 삶에 대한 희망이 없던 사람들은 희망을 갖기 시작했지요.

그러던 어느 날, 휴가차 한국에 들른 이태석 신부님은 건강 검진을 받았는데, 큰병이 발견되었어요. 의사들은 당장 치료를 받아야 한다고 했지만, 신부님은 다시 수단으로 가서 자신이 하던 일들을 마무리했어요. 죽는 순간까지 오직 톤즈 마을에 대한 걱정뿐이었지요. 자신이 없으면 아이들을 교육할 사람도, 병을 고쳐 줄 사람도 없으니 말이에요.

얼마 뒤 신부님은 세상을 떠났어요. 톤즈 마을 사람들은 이태석 신부의 죽음 소식에 눈물을 흘렸어요. 그가 이 세상에 없다는 것 자체가 그들에게는 너무도 큰 슬픔이었지요. 맑은 영혼을 지닌 이태석 신부님은 그들에게 삶의 새로운 희망을 준 사람이었으니까요.

이태석 신부님의 제자였던 토머스 타반 아콧은 우리나라에서 공부하여 의사가 되었어요. 그는 신부님이 가신 길을 따라가고 싶다고 말했어요.

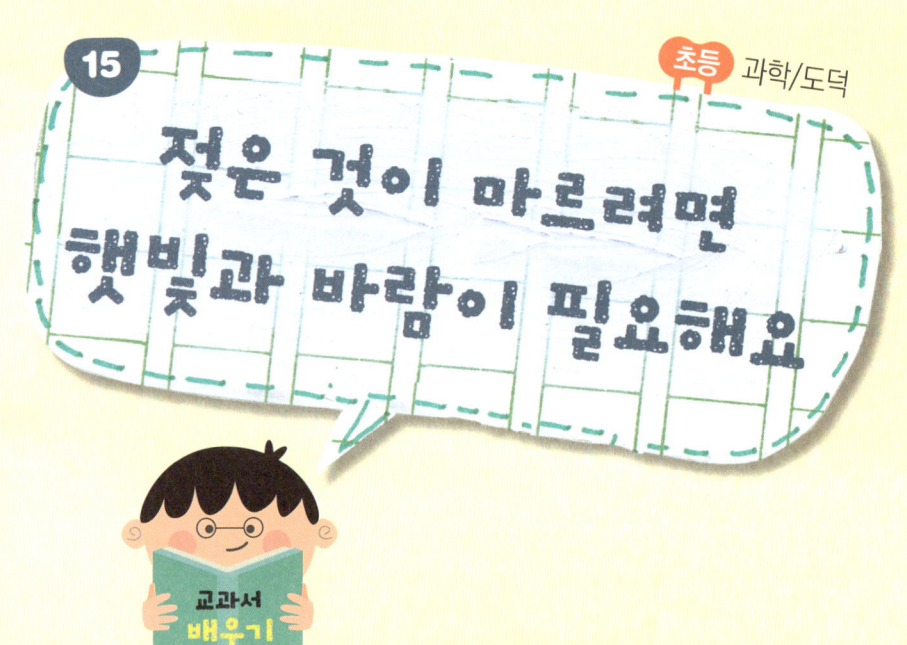

젖은 것이 마르려면 햇빛과 바람이 필요해요

초등 과학/도덕

하루 종일 비가 내리는 날이 있어요. 그런 날에는 왠지 모르게 마음이 가라앉기도 해요. 햇빛이 쨍쨍 나서 젖은 운동장이 빨리 말랐으면 좋겠다는 생각이 들지요. 시원한 바람까지 불어 주면 더 좋고요.

만약 몇 날 며칠 계속 비가 내린다면 어떨까요? 혹은 하루 종일 몸이 물에 젖은 상태로 있으면 어떨까요? 아마도 굉장히 불편

　함을 느끼며 지내야 할 거예요. 몸도 마음도 젖어 있게 되는 거지요.
　이런 날씨를 바꾸어 주는 것이 있어요. 해와 바람이에요. 해와 바람은 날씨는 물론이고 사람들의 기분마저 바꾸어 놓지요. 우중충했던 기분은 어느새 사라지고, 가벼운 마음으로 여행하는 기분이 들어요.
　해와 바람 같은 자연은 참 대단해요. 많은 것을 바꾸어 놓거든요. 최근 석탄과 석유 같은 화석 연료가 점점 없어지는 상황에서 햇빛과 바람 같은 친환경 에너지가 새로운 희망이 되고 있어요. 화석 연료는 공해를 만들고 자연을 오염시켜 환경을 해치지요. 그에 비해 햇빛과 바람은 우리에게 필요한 에너지를 주면서도 자연 그대로의 모습을 유지시켜 주니 얼마나 고마운지 몰라요.

어떤 나라들은 환경을 심각하게 파괴하는 원자력 발전소를 만드는 대신 비용이 더 많이 들더라도 환경을 훼손시키지 않는 태양열 발전소나 풍력 발전소를 만든다고 해요. 후손들이 살아갈 이 지구를 지키기 위해서 말이에요.

이렇듯 날씨를 변화시켜 주는 햇빛과 바람은 우리에게 정말 소중한 자연이자 자원이에요. 해가 들지 않는 날들이 이어진다면 어떨까요? 또 바람이 없는 날들이 이어진다면 어떨까요?

생각 쓰기

자연과 어울려 사는 법

사람들은 자연을 극복하며, 때로는 자연에 순응하며 살아요. 우리나라 사람들도 자연에 순응하며 살아가기 위해 노력하고 있어요. 예를 들어 강원도에서 열리는 눈꽃 축제는 추운 날씨를 이용해 만든 신나는 겨울 축제예요. 여러분도 자연을 지키며 함께 살아가는 방법을 찾아보세요.

친구 생각

친구들의 생각을 들어 봅시다. - ○○초등학교 학생 글

'태양에너지 축제'가 있었으면 좋겠다. 햇빛으로 만든 에너지를 이용해 여러 가지 체험을 하면 사람들이 햇빛의 소중함을 알고, 전자제품 사용을 조금 줄일 수 있기 때문이다.

예를 들어, 태양에너지로 물건 만들기, 태양에너지로 기계를 작동시키는 체험 같은 것을 해 보는 것이다. 그리고 사람들에게 체험 비용을 내게 해서 그 돈을 모아 자연을 위해 사용하면 좋겠다.

또 미래에는 태양열 기기를 모든 집에 달아 전기나 석유 대신에 태양에너지를 사용하면 좋겠다. 그러면 자연의 도움도 받고 우리도 자연에게 도움을 줄 수 있기 때문이다.

교과서로 철학하기

햇빛과 바람에서 희망을 찾을 수 있어요

전기를 생산하기 위해서는 발전소가 반드시 필요해요. 우리나라에 있는 대표적인 발전소는 수력 발전소, 화력 발전소, 원자력 발전소예요. 그중에서 인간의 삶을 위협하는 것이 있어요. 바로 화력 발전소와 원자력 발전소예요.

화력 발전소는 석탄 등을 이용해 전기를 만드는 시설이에요. 화력 발전소에서는 호흡기에 문제를 일으키거나 암의 원인이 되는 등 우리 몸에 해로운 공해 물질이 나와요. 요즘 심각해진 미세 먼지를 만들기도 하고요.

원자력 발전소는 어떨까요? 과거에는 화력 발전소에서 나오는 이산화탄소가 나오지 않아 원자력 발전소가 환경을 덜 파괴한다고 생각했어요. 하지만 원자력 발전소를 가동할 때 방사성 폐기물이 만들어져요. 이 방사능은 환경을 치명적으로 훼손시키는 데다 완전히 없앨 방법이 없고, 수백 년에서 수만 년까지 위험성이 사라지지 않아요. 우리나라에서도 원자력 발전소를 더 이상 건설하지 말고, 현재 운영하고 있는 원자력 발전소도 가동을 멈춰야 한다고 주장하고 있어요.

여러 문제가 있는 화력 발전소와 원자력 발전소를 대신할 발전소가 있어요. 햇빛과 바람을 이용한 발전소예요. 최근에는 환경을 살리려는 주민들의 노력으로 각 지역에서 햇빛과 바람을 이용한 태양열 발전소나 풍력 발전소를 세우고 있어요. 사람을 살리고 지구를 지키는 미래의 에너지예요.

16. 버리고 싶은 것, 새로 얻고 싶은 것

초등 도덕/실과

　자신의 성격이나 습관 중에서 마음에 들지 않는 것이 있나요? 나의 모든 것이 마음에 든다면 참 다행이지요. 그런데 많은 사람들이 '공부를 잘하면 좋겠어.' '더 잘 웃으면 좋겠어.' '저 친구처럼 키가 크면 얼마나 좋을까?' 하고 자신에게 많은 것을 바라요. 그리고 그 모습대로 자신이 변해야 한다고 생각해서, 자신의 습관 중에 뭔가를 고치거나 버리려고 하지요.

　그런데 이렇게 변화시키고 싶은 마음이 들 때, 자신을 다른 사람과 지나치게 비교하는 것은 조심해야 해요.

자신을 새롭게 변화시킬 때 기준은 남이 아니라 자기 자신이어야 하거든요. 왜 남과 비교하지 말아야 할까요? 물론 다른 사람의 좋은 점을 본받는 것은 좋은 일이에요. 하지만 남과 나를 비교하기보다는, 지금의 나를 찬찬히 들여다보는 시간을 가졌으면 좋겠어요. 그러면 자신이 조금 더 또렷하게 보일 거예요. 때로는 자신의 모습이 어떻게 생겼는지 생각해 볼 수 있고요.

그런 뒤 자신이 보기에, '이런 점은 좀 바꿨으면 좋겠다.' 또는 '이런 점은 괜찮은 것 같네.'라고 생각하며 하나씩 고쳐가야 해요. 이러한 과정을 통해 소중하고 참다운 나의 모습이 만들어질 거예요. 그 누구와도 비교할 수 없는 나다운 모습 말이에요.

이때 정말 '나답다'는 것이 무엇인지 많이 생각해 보았으면 좋겠어요. 다른 사람 그 누구도 아닌 나다운 사람만이 이 세상에서 멋지게 빛날 수 있으니까요.

우리는 새로운 해, 새 학년을 맞을 때마다 항상 이런 결심을 하지요.

"올해에는 안 좋은 모습은 다 버리고, 새로운 모습으로 변할 거야."

하지만 쉽지 않아요. 긴 시간이 필요하기도 해요. 긴 시간이 걸린다는 말에 "그럼, 전 포기할래요."라고 말하는 친구도 많아요. 하지만 그렇게 참고 견디지 않으면 우리는 변화할 수 없어요. 변화를 만들어 가기 위해서는 오래도록 참고 기다리는 마음이 필요하거든요.

지금부터 차근차근 고쳐야 하는 점은 무엇인지, 새롭게 변하고 싶은 모습은 무엇인지, 이야기를 나누어 볼까요?

습관, 버리고! 만들고!

여러 가지 습관이나 모습 중 가장 버리고 싶은 것 두세 가지를 골라 써 보세요. 새로 얻고 싶은 모습도 써 보세요. 그렇게 변하려면 어떤 노력을 기울여야 할까요?

버리고 싶은 것	어떻게 노력할까요?

새로 얻고 싶은 것	어떻게 노력할까요?

친구들의 생각을 들어 봅시다. - 서울 선곡초등학교 4학년 조정원

버리고 싶은 것	어떻게 노력할까요?
편식	하루에 야채를 3번 먹고, 급식이 나오면 남기지 않고 먹을래요.
컴퓨터를 많이 하는 습관	시간을 정해 놓고 꼭 필요할 때만 할 거예요.
숙제를 미루는 습관	시간 날 때 바로 하고 숙제 다 하고 놀 거예요.

새로 얻고 싶은 것	어떻게 노력할까요?
정리하는 습관을 기르고 싶어요. 방이 지저분하면 마음이 복잡해지고, 방에 들어가기 싫어요.	장난감을 가지고 논 다음 바로 제자리에 놓아요.
다양한 과목을 열심히 공부하는 습관을 기르고 싶어요.	다른 과목에 비해서 과학 점수가 안 나와서, 과학 관련 책을 많이 읽어 보고 싶어요.
매일 줄넘기 하는 습관을 기르고 싶어요.	매일 열심히 해서 200개 채워서 1급 따고 싶어요.

교과서로 철학하기

그들의 노력이 특별한 이유

세계 여러 나라에 한국을 알리며 진정한 외교관의 역할을 톡톡히 하고 있는 사람들이 있어요. 한 아이돌 그룹이에요.

그들은 2018년 유엔 본부에서 열린 유엔아동기금(UNICEF, 유니세프) 행사에 참여해, '자신만의 목소리를 내라!'라는 주제로 연설을 했어요. 사람들은 그들을 조금 다르게 보기 시작했지요. 물론 이 연설 하나로 인기가 올라간 것은 아니에요. 무엇보다 그들의 노래가 사람들의 마음을 움직였어요. 특히 가사를 잘 들어 보면, 사람들의 마음을 어루만져 주고, 답답함도 떨쳐 주는 내용이에요. 10대와 20대들의 꿈과 희망도 들어 있고요.

이 모든 것은 어디에서 나오는 것일까요? 그들이 전 세계 사람들에게 사랑받는 여러 가지 이유가 있지만, 더 좋은 무대를 만들기 위한 연습 덕분이에요. 대기하는 시간에도 서로 동작을 맞춰 보는 모습은 그들의 피와 땀, 눈물이 고스란히 전해져요.

우리는 자신의 좋지 않은 모습은 버리고, 멋진 날개를 펼치려는 희망을 품고 있어요. 하지만 그 과정에서 피나는 연습과 노력이 있어야 한다는 사실은 잊을 때가 많지요. 결과만을 부러워하고요. 그때마다 땀 흘려 노력하는 사람들의 모습을 떠올려 보세요.

초등 도덕/사회/과학

17 고이지 않고 흐르는 물

　물은 우리가 살아가는 데 없어서는 안 되는 것이지요. 물이 없다고 생각해 보세요. 아마도 끔찍한 일들이 일어나겠지요. 세상의 모든 것이 파괴될 거예요.

　물은 자연스럽게 흐르는 물, 수력 발전을 위해 가두어 둔 물, 바다의 물 등 다양한 형태로 있어요. 그런데 물은 어떤 상태로 있어야 할까요? 자연스럽게 흐르는 대로 두어야 하지 않을까요? 가두어 고여 있으면 썩게 되거든요.

　사람들이 맨 처음 물을 가두기 시작한 것은 논농사를 위해서였어요. 기록에 의하면, 삼국 시대 이전인 마한, 진한, 변한이 있던 삼한 시대에 벽골제와 같은 저수지를 만들어 농사에 이용했대요. 가뭄을 이겨내기 위해서였지요. 물을 한곳에 모아 두었다가 가뭄 때 그 물을 끌어 쓸 줄 알게 된 것은 인간의 지혜 덕분이에요. 또 수력 발전을 위해 댐을 만든 것도 그렇고요.

　저수지에 물을 가둘 때까지만 해도, 환경에 심각한 문제는 없었던 것 같아요. 그런데 더 편리한 생활을 위해 댐을 만들면서부터 환경이 서서히 파괴되기 시작했어요. 댐을 만들기 위해 산을 깎아야 했고, 댐 주변 마을들이 물에 잠기게 되었지요. 조상 대대로 살아온 마을을 떠나는 사람들도 있었어요.

어떤 사람들에게는 편리함을 주는 물이, 다른 사람들에게는 아픔을 주게 된 거예요.

'녹조라떼'라는 말을 들어 본 적이 있나요? 녹조가 생긴 강물을 컵으로 뜨면 마치 녹차라떼처럼 보여서 생긴 말이에요. 자연스럽게 흘러야 하는 강을 막아 놓아 생긴 현상이지요.

몇 년 전 정부에서 물을 잘 관리하고 홍수 피해를 줄인다면서 한강, 금강, 영산강, 낙동강 유역에 보(둑을 쌓아 흐르는 물을 담아 두는 곳)와 댐을 만드는 등 4대강 정비 사업을 했어요. 이 사업으로 우리의 소중한 강이 파괴되었어요. 원래대로 되돌리려면 보와 댐을 무너뜨려야 하는데, 그 비용 또한 만만치 않아요. 자연스러움을 파괴한 벌을 받고 있는 것 같아요.

우리 주변에 이런 일들이 참 많아요. 물이 흐르듯 자연 그대로 두어야 하는데, 개발이라는 이름으로 자연을 거스르면서 인간에게 또 다른 피해를 주고 있으니 말이에요.

법, 예의, 도리를 뜻하는 '법(法)' 자는 물 '수(水=氵)' 자와 갈 '거(去)' 자가 합쳐진 글자예요. 즉, 물 흐르는 것처럼 자연스러운 것이 세상의 법칙이라는 뜻이지요. 그런데 이런 자연스러움을 억지로 바꾸고 훼손시켜서 지금 많은 문제가 생겨났어요. 자연스러움이 파괴되면서 생긴 문제들을 우리 주변에서 찾아볼까요?

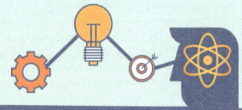

자신만을 생각하는 이기주의

사람들의 이기심으로 자연스러운 현상을 억지로 바꾸어서 생긴 문제에는 어떤 것들이 있을까요? 여러분 주변에서 벌어진 일을 찾아보세요.

어떻게 되었나요?

아파트 단지에 울타리를 쳐 놓았어요. 길이 막혀서 학생들이 빠른 길 대신 멀리 돌아서 학교를 가게 되었어요.

수력 발전을 위한 다목적 댐이 건설되면서 7개 마을이 물에 잠기게 되고, 2,800여 명의 사람들이 고향을 떠났어요.

107

친구들의 생각을 들어 봅시다. — 의정부 호암초등학교 4학년 박채희

어떻게 되었나요?

다람쥐, 청설모의 밤, 도토리 같은 먹이를
사람들이 주워 가서 동물들이 먹을 것이 없다.

나무를 많이 잘라서 종이와 휴지를 많이 만들었지만,
공기는 나빠졌다.

공장을 세워서 우리가 필요한 것들을 빨리,
그리고 많이 만들 수 있어서 좋았지만 미세먼지가 생겼다.

우리는 동물의 가죽으로 만든 따뜻한 옷을 입고
겨울을 잘 보낼 수 있지만, 동물들은 많이 죽었다.

교과서로 철학하기

흐르는 물이 만들어 낸 아름다운 자연

　흐르는 물이 만들어 낸 아름다운 자연을 볼 수 있는 곳이 있어요. 강원도 영월군 한반도면 선암길에 있는 선암마을이에요. 한반도 모양을 닮은 곳으로 유명하지요. 서강의 샛강인 평창강이 굽이굽이 흐르다 주천강과 합쳐지는 곳에 있어요. 이때 평창강이 크게 굽이돌아 한반도 모양의 지형을 만들어 낸 것이지요. 그래서 '한반도면'이라는 주소를 갖게 되었어요.

　많은 사람들은 그곳을 볼 때마다 감탄을 해요. 어떤 사람들은 일부러 물길을 만들어 그런 모양을 만들어 낸 것은 아닌지 의심을 하기도 해요. 그러면 그 지역에 오래도록 살아온 사람들은 손사래를 치며 이야기하지요. 자연이 만들어 낸 신비함이라고요. 물이 자연스럽게, 물살의 빠르기 대로 흐르면서 자연스레 빚어진 지형이랍니다.

　만약 사람들이 물을 막거나 다른 물길을 만들었다면 이런 신비로운 자연을 볼 수 있었을까요? 불가능했을 거예요. 지금은 여러 환경 단체와 마을 사람들이 이 한반도 지형을 보존하기 위해 노력하고 있어요. 전망대도 그곳에서 조금 떨어진 위치에 만들었고, 함부로 들어가지 못하게 해 두었어요. 개발보다는 '보존'을 위해 더 애쓰고 있답니다.

18. 함께 꿈꾸는 무지개 세상을 위해

초등 도덕/사회/음악

〈오즈의 마법사〉라는 영화에 나오는 '오버 더 레인보(over the rainbow)'라는 노래가 있어요. 무지개 너머 어딘가에 아름다운 세상이 있다는 가사의 노래이지요. 이 노래를 듣고 있으면, 정말 우리가 꿈꾸는 세상으로 갈 수 있을 것 같은 생각이 들어요.

이 노래를 들을 때 희망이 느껴지는 이유는 무지개 때문일 거예요. 비가 내리고 난 뒤 물방울과 빛이 만들어 내는 무지개 말이에요. 무지개는 정말 아름답지요. 희망을 품게 하고 평화로움을 느끼게 해요. 넓은 벌판이 펼쳐진 저 산 너머 멀리 떠 있는 무지개를 찾으러 가고 싶은 생각이 들게 해요.

비가 온 뒤 떠오르는 무지개를 보고 있으면, 마치 동화 속 세상이 펼쳐지는 느낌이에요. 그 무지개를 잡으려고 달려 본 적이 있나요? 무지개를 손에 꼭 잡아 보겠다는 생각으로요.

무지개 너머 펼쳐진 세상에는 무엇이 있을 것 같나요? 맛있고 달콤한 사탕이 가득한 세상이 있을 것 같나요? 파랑새가 지저귀는 동화 속 멋지고 아름다운 세상은 어떤가요? 친구들의 해맑은 웃음소리가 넘쳐흐르고, 따뜻하고 포근한 마음을 나누는 세상 말이에요.

그런데 무지개가 아름다운 진짜 이유는 무엇일까요? 빨강, 주황, 노랑, 초록, 파랑, 남색, 보라, 이렇게 7가지 색깔이 각각 아름다우면서도 서로 조화를 이루고 있기 때문이에요.

무지개를 가만히 보고 있으면 무엇이 생각나지요? 우리 반 친구들의 모습을 떠올려 볼까요? 서로 각자 다른 개성을 가진 친구들 한 명 한 명은 생김새부터 성격, 좋아하는 것, 싫어하는 것, 꿈꾸는 것이 모두 다 달라요. 그런데 서로 다른 점을 인정하면서도, 규칙을 정하고, 즐겁고 따뜻한 반이 되기 위해 노력해요. 서로 양보하고, 작은 도움을 주고받으면서 말이에요. 그렇게 하루하루 서로를 아끼고 도와가며 잘 지내는 모습이 무지개와 닮았지요. 각자의 아름다운 색깔을 빛내면서 조화를 이루고 있는 모습 말이에요.

이 세상 사람들이 모두 무지개처럼 서로 조화를 이루며 살아가야 하는 이유는 무엇 때문일까요? 또 이를 위해 우리는 어떤 노력을 기울여야 할까요?

어떻게 그럴 수 있지?

 한 아이가 있었어요. 그 아이는 '지적 장애'를 가지고 태어났어요. 몸은 정상인데 정신의 발달이 뒤져 있는 상태예요. 이 아이는 초등학교 고학년이 되었지만 아직 글도 모르고 친구들과 똑같이 수업을 받기가 힘들었어요. 반 친구들은 매일 그 아이를 위해 무엇을 해 줄까 함께 의논했어요. 알림장을 챙겨 주는 담당, 급식을 도와주는 담당 등을 정하고, 기쁜 마음으로 함께 생활했지요. 반 친구들 중에 한 명과 문자 메시지로 친구를 돕는 이유를 들어봅시다.

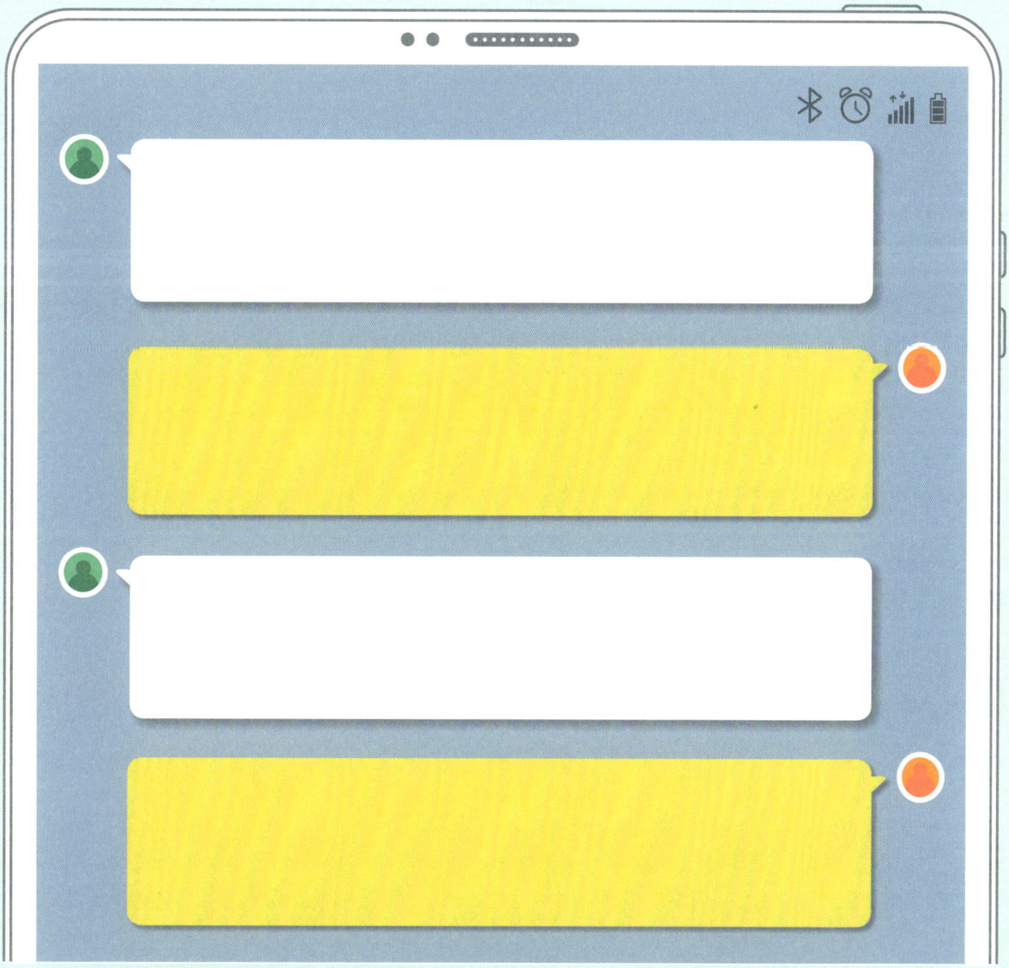

 **친구 생각**

친구들의 생각을 들어 봅시다. − 의정부 호암초등학교 4학년 오려경

- 장애를 가진 친구를 도와주는 것 힘들지 않나요?
- 힘들긴 하지만 도와주고 나면 기분이 좋아요.
- 그 친구를 도와주는 담당을 어떻게 정하나요?
- 자기가 할 수 있는 것을 먼저 말해요. 자신이 할 수 없는 일을 하면 나중에 못하게 될 수도 있기 때문이에요.
- 반 친구들에게 하고 싶은 말이 있나요?
- 우리 ○○에게 더 신경 쓰고 서로 좋은 친구가 되자. ○○이 말고 도움이 필요한 친구가 더 있는지도 살펴보고.

교과서로 철학하기

세상에 버릴 사람이 있겠는가?

조선 시대에는 사람들의 신분이 태어날 때부터 정해져 있었어요. 양반, 중인, 상민, 천민 등 이렇게 말이에요. 그들은 하는 일도 다르고 사는 모습도 무척 달랐지요. 그때는 양반들이 중요한 벼슬을 차지하고 나라를 다스렸던 시대예요. 천민이 나라의 관리가 되는 것은 나라에 큰 공을 세워야만 가능했던 시대였어요.

그런데 세종 대왕은 능력 있는 사람이라면 신분을 가리지 않고 인재를 등용했어요. 나라에 꼭 필요한 사람이라면 천민에서 벗어날 수 있게 해 주었고, 벼슬도 내려 주었지요. 장영실은 조선 시대의 훌륭한 발명가인데 천민 출신이었어요. 세종 대왕은 장영실의 뛰어난 능력을 높이 사서 천민에서 벗어나게 하고 벼슬도 주었지요. 그 결과 장영실은 해시계(앙부일구), 물시계(자격루) 등 다양한 발명품을 만들어 조선의 과학 기술을 발전시키는 데 큰 공을 세웠어요.

세종 대왕은 장애인들도 공평하게 대하며, "세상에 버릴 사람은 하나도 없다."고 말했답니다. 조선 시대에는 장애를 질병 중 하나로 여겼다고 해요. 장애인은 세금도 면제시켜 주고, 군대도 가지 않도록 했어요. 장애인뿐만 아니라 장애인을 보살피는 사람에게도 같은 혜택을 주었지요. 장애인을 함부로 대하는 사람에게는 엄한 벌을 내렸고요. 점을 치는 일, 악기를 연주하는 일 등 일자리를 마련해 주고, 장애인을 배려하는 정책도 펼쳤지요.

이렇듯 편견과 차별에서 벗어나 한 사람의 능력만 보았던 세종 같은 왕이 있었기에, 나라를 안정시키고 문화와 과학 기술을 발전시킬 수 있었어요.

19 멋진 민주 시민으로 자라나는 우리

초등 사회

민주 시민이란 말을 아세요? 들어본 적은 있지만, 그 뜻을 정확히 알기란 힘들지요. 민주 시민이란 '민주주의의 원리를 존중하고 실천하는 태도를 가지며 개인의 행복을 추구하는 동시에 국가와 사회의 발전을 위해 힘을 쓰는 사람'이에요.

민주주의란 나라의 주인인 국민이 권력을 가지고, 스스로 그 권리를 행사하는 정치 형태예요. 민주주의를 지탱해 나가는 중요한 원리는 자

유와 평등이에요. 모든 국민이 자유롭고 평등한 삶을 살아야 한다는 의미지요.

하지만 처음부터 이런 민주 사회가 되는 건 아니에요. 국민이 나라의 주인으로서 제 역할을 다하고, 자유와 평등이 있는 사회를 만들기 위해 수많은 사람들이 희생을 당하기도 해요.

우리 역사 속에서도 시민을 보호해 주어야 할 국가와 군인들이 그들을 죽음으로 내몬 일들이 무수히 많았어요.

1960년 4·19 혁명 때 당시 이승만 대통령의 독재에 맞서 시위하던 국민들에게 경찰이 총을 쏴서 많은 사람이 죽고 다쳤어요. 1980년 5·18 민

주화 운동 때에는 수많은 광주 시민들이 피를 흘려야 했고요. 아무 죄 없는 시민들을 향해 총을 겨두는 계엄군에 맞서 시민들은 스스로 총을 들고 맞서 싸웠어요. 광주를 지키고 민주주의를 지키기 위해서 말이에요. 그뿐인가요? 1987년 6월 민주 항쟁 때도 이한열 학생이 최루탄에 맞아 목숨을 잃는 일도 있었지요.

이러한 값진 희생들이 있었기에 민주주의가 발전해 왔는지 몰라요. 독재에 저항해 마음을 하나로 모으고, 민주주의를 외친 수많은 시민들의 노력에 의해서 말이에요. 지금도 더욱 발전된 민주 사회를 만들기 위해 노력하고 있고요.

민주 사회를 만들어 가는 주인공이 민주 시민이에요. 시민은 시민으로서의 권리와 의무를 가진 사람이에요. 어린이들은 시민이 아니니, 민주 사회를 만드는 일에 상관없는 것 아니냐고요? 그렇지 않아요. 어린이도 똑같은 민주 시민이에요. 다만 성인이 될 때까지 시민으로서의 권리와 의무 중 일부를 미뤄 두는 것이지요.

민주 시민은 저절로 되는 게 아니에요. 어려서부터 민주 시민이 가져야 할 여러 가지 생각과 태도를 배우고 익혀야 해요. 집에서, 그리고 학교에서도요. 자, 지금부터 민주 시민이 되기 위한 꼬마 실천가로서의 한 걸음을 내디뎌 볼까요?

생각 쓰기

민주 시민은 어떤 사람인가요?

민주 시민은 인간을 존중하는 태도를 가진 사람이에요. 나아가 평화를 사랑하고 생명을 존중할 줄 아는 사람이고요. 다른 사람의 생각을 받아들일 줄 알고, 법과 규칙을 지키며, 우리는 하나라는 공동체 정신을 갖고 있는 사람이지요. 자율적으로 생각할 줄 알고, 스스로를 자신의 삶과 이 사회의 주인이라고 생각하는 사람이지요. 그런 사람이 되기 위해 우리가 할 수 있는 작은 행동을 생각해 봅시다.

민주 시민의 마음과 행동	내가 할 수 있는 작은 실천
다른 사람을 존중하는 마음과 행동	· 장애를 가진 친구를 배려한다. ·
평화를 사랑하고 생명을 존중하는 마음과 행동	· 말 못하는 동물을 괴롭히지 않는다. ·
다른 사람의 생각을 받아들이는 마음과 행동	· 다른 사람의 의견을 귀 기울여 듣는다. ·
법과 규칙을 지키는 태도	· 학급 규칙으로 정해진 것은 생각이 다르더라도 따르려고 노력한다. ·

교과서로 **철학하기**

역사의 주인공, 어린이 민주 시민

2019년은 3·1 운동이 일어난 지 100주년이 되는 해예요. 3·1 운동은 일제 강점기에 독립을 위해 우리나라 사람들이 벌인 만세 운동이지요. 각계각층의 사람들, 어른 아이 할 것 없이 수많은 사람들이 일어나 온 마음을 다해 "대한 독립 만세!"를 외쳤어요. 우리나라 역사에 길이 남을 사건이었고, 자유와 평화를 위해 수많은 사람이 모여 벌인 시위였어요.

이때 어린 학생들도 적극적으로 참여했어요. 열세 살 어린 소년 하나가 한국 국기를 만들어 조선 총독부(일본이 한국을 통치하기 위해 만든 기관) 건물의 문에 이렇게 써 놓았대요.

"이 문은 총독에게 속하는 것이 아니다. 이것은 한국의 독립 정부에 속한다. 만세! 만세! 만세!" (김○○, 나이 13세, 집 주소 ○○동 21번지)

또 학생들은 만세 시위를 하러 가면서 거리마다 모여 자유의 노래를 불렀어요. 그러다 일본 경찰에 의해 곤봉과 총으로 구타를 당하기도 했어요. 두려운 상황에도 굴하지 않고, 나라의 독립을 위해 행동한 어린 학생들이었지요.

1960년 4·19 혁명 때도 어린이들이 적극적으로 시위에 참여했어요. 당시 이승만 독재 정권의 부정 선거에 반대하며 시민들이 시위를 벌였어요. 초등학교 6학년 학생이었던 전한승 어린이는 시위를 구경하다 군인들이 쏜 총에 맞아 죽음을 맞았답니다.

이 소식을 접한 수송초등학교 학생들이 "우리 부모, 형제들에게 총부리를 대지 말라."라는 현수막을 들고 거리로 나갔어요. 그들은 민주주의를 외치는 목소리를 높였어요.

그분만이 아니에요. 민주화를 위해 어린이들이 부모님의 손을 잡고 거리로 나가 촛불을 들고 역사의 현장에 서 있었지요.

어때요? 우리 어린이들이 역사의 주인공으로서, 어린이 민주 시민으로서 역할을 톡톡히 하고 있다는 것을 알 수 있지요.

머리로 아는 것과 몸으로 익히는 것

초등 도덕

우리는 살아가면서 머리로 알아가는 것이 많지요. 무슨 말이냐고요? 지식을 통해 알아가는 것이 많다는 뜻이에요. 직접 경험하지 못하지만 책을 통해 알게 되는 것들이 많거든요. 이것을 간접 경험이라고 해요. 우리는 직접 경험하는 것보다 간접 경험을 통해 아는 것이 더 많아요.

그런데 머리로 아는 것은 진짜 내 것이 되지 않을 수도 있어요. 머리로만 알게 된 사실을 내 것으로 만들기 위해서는, 직접 경험하고 몸으로 익혀야 해요. 물론 아는 것이 기본이 되어야 그다음 걸음을 내디딜 수 있어요.

하지만 세상의 일들은 머리로만 생각해서 되지 않는 일들이 훨씬 많아요. 머리보다 몸으로 익힌 것이 훨씬 더 강한 기억으로 남기도 하죠. 한걸음 더 나아가, 몸보다 가슴으로 익힌 것을 더 오래도록 기억할 수 있어요.

머릿속에는 남아 있지 않은데, 몸이 기억하는 경우도 있어요.
　세상의 일들을 머리로만 알면 말을 잘할 수 있어요. 지식이 많아서 겉으로 좋은 말, 멋있는 말, 똑똑한 말, 남들이 좋아하는 말을 얼마든지 할 수 있어요. 하지만 진심으로 다른 사람을 이해하기는 어려워요. 또 어떤 상황을 제대로 이해하기도 힘들지요.
　진심으로 이해한다는 것은 무엇일까요? 말로만 착한 일

을 하는 것이 아니라, 몸을 움직여 좋은 일을 해야 한다는 뜻이에요. 어려운 사람들을 돌아보는 마음을 가져야 한다고 말하면 누구나 고개를 끄덕이며 이렇게 말해요.

"남을 도우며 살아야 합니다!"

하지만 행동으로 실천하는 것은 그리 쉬운 일이 아니에요.

역사 속에서 존경받은 무수히 많은 사람들은 몸을 움직여 실천했고 희생했어요. 세상의 이치를 깨우친 석가모니나 예수 같은 성인들도 몸소 실천하는 삶을 살았기에 더욱 존경받는 것이지요.

머리로 아는 것을 몸으로 실천하는 일, 그것은 세상을 바꾸는 큰일만 있는 게 아니에요. 일상 속에서 실천하는 우리의 작은 행동도 참으로 훌륭한 것이랍니다. 머리로 아는 것을 몸으로 실천하며 사는 것은 어릴 때부터 가져야 할 습관 중 하나예요. 작은 일이라도 실천하는 사람은 뭔가 다른 삶을 살 수 있어요.

아는 것을 실천한 사람들

위인이나 유명한 사람, 여러분 주변 사람들 중에서 자신의 생각을 실천한 사람에 대해 써 보세요. 할아버지, 할머니, 부모님, 친구들의 이야기도 좋습니다.

누구인가요?	그는 무엇을 알고 있나요?	이렇게 실천했어요!
전형필	우리 문화유산의 소중함을 알고 있어요.	일제 강점기 때 전 재산을 들여 《훈민정음 해례본》, 상감청자 등 우리의 문화유산을 지켰어요.
김만덕	자신이 번 돈을 어떻게 써야 하는지 알고 있어요.	제주도에 흉년이 들어 굶주림에 죽어가는 사람들이 많았는데, 육지에서 쌀을 구입해 나누어 주었어요.

친구 생각

친구들의 생각을 들어 봅시다. – 미사중앙초등학교 4학년 이소율

누구인가요?

국민을 사랑한 대통령 룰라 다 실바

그는 무엇을 알고 있나요?

정치인 중에는 당선되기 전에 한 약속을 지키지 않는 사람이 많습니다. 브라질의 제 35대 대통령인 룰라 다 실바는 당선 전에 한 약속을 미루지 않고 지켰습니다. 국민과의 약속이 소중하다는 것을 알고 있었습니다.

이렇게 실천했어요!

룰라 다 실바는 저소득층 부모가 아이를 학교에 보내면 11달러, 극빈층에게는 30달러를 더 지원해 줬어요. 그는 가난한 노동자의 아들로 태어나 교육을 제대로 받지 못했고, 사랑하는 아내도 제때 치료를 받지 못해 죽었어요. 그는 저소득층 사람들의 마음을 잘 알고 있기 때문에 대통령이 되어 저소득층, 극빈층 국민들과 한 약속을 지킨 것이랍니다. 처음에는 그의 의견에 찬성하는 사람이 없었지만, "어떻게 부자들에게는 투자고, 가난한 사람들에게는 비용인가."라는 말로 이 계획을 성공시켰습니다. 룰라 다 실바는 자신이 한 약속을 지켜 모든 국민을 사랑하는 대통령의 모습을 보여 주었습니다.

교과서로 철학하기

아는 것을 실천한 기업가, 유일한

한 기업가가 세상을 떠났어요. 바로 유한양행을 세운 유일한 박사예요. 그런데 유일한 박사가 남긴 유언장이 세상 사람들을 깜짝 놀라게 했어요.

"손녀에게는 대학 졸업까지 공부할 비용 1만 달러(약 1,200만 원)를 줄 것이다. 딸에게는 그가 세운 학교 안에 있는 묘소와 주변 땅 5천 평을 물려줄 것이다. 대신 그 땅을 동산으로 꾸미고 울타리를 치지 말고, 중고등학생들이 마음대로 드나들 수 있게 하라. 아내는 딸이 잘 돌보아 주길 바란다. 내가 가진 주식은 모두 사회에 기증한다. 그리고 하나뿐인 아들은 대학까지 공부를 시켰으니 이제는 스스로 자립해서 살거라."

그는 평생 동안 모은 재산을 자신의 것이라고 생각하지 않았어요. 그가 약을 만드는 회사를 세운 것도 돈을 벌기 위한 것이 아닌, 국민들을 병의 고통에서 구하기 위한 것이었지요. 그는 미국에서 숙주나물 통조림 사업으로 크게 성공한 사업가였어요. 그런데 잘되던 사업을 접고 제약 회사를 만들었어요. 각 가정에 필요한 상비약을 만들기 시작했지요.

깜짝 놀랄 만한 일이 또 있어요. 회사의 주식을 직원들에게 나누어 주어 그들이 회사의 주인이 되도록 했어요. 그는 자신이 돈을 번 것은 사회 덕분이니, 다시 사회에 돌려주어야 한다고 생각했지요.

사람들은 좋은 행동을 머리로는 알고 있지만 몸으로는 잘 실천하지 못해요. 하지만 유일한 박사는 자신의 생각을 과감하게 실천하여 진정한 기업가의 모습을 보여 주었어요.

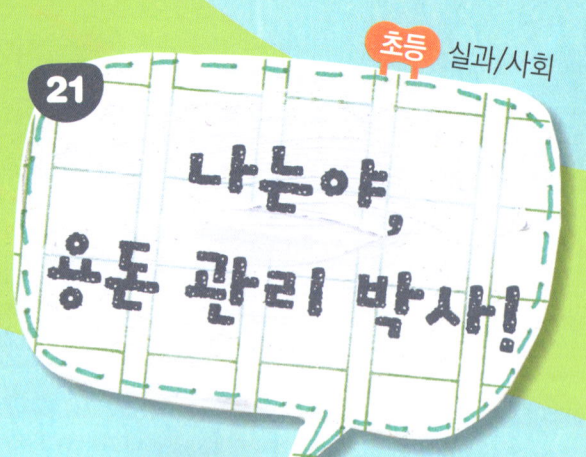

초등 실과/사회

21 나는야, 용돈 관리 박사!

 설 명절을 맞은 어린이들은 신나서 들떠 있어요. 오랜만에 친척들을 만날 생각에서지요. 그런데 친척들보다 반가운 것이 있어요. 바로 세뱃돈이에요. 평소에는 받을 수 없는 큰돈이 생기니 아이들은 싱글벙글하지요. 장난감이나 예쁜 인형을 살 계획, 게임 살 생각, 그리고 통장에 저금하려는 생각에 들떠 있지요.

 혹여 부모님께서 세뱃돈을 가져가지 않을까 하는 생각에 이리저리 감추는 아이들도 있어요.

 그런데 왜 부모님들은 세뱃돈을 관리해 주려는 것일까요? 아마도 우리가 아직 돈을 잘 관리할 수 있는 능력이 없다고 생각하기 때문일 거예요. 하지만 돈을 잘 관리하는 어린이는 자유롭게 그 돈을 사용할 수 있는 권리가 주어지기도 해요. 여러분은 둘 중에 어디에 속하나요?

만약 내가 사고 싶은 것을 다 사 버린다면 어떻게 될까요? 가진 돈을 다 쓰게 되겠지요. 그러면 정작 내가 꼭 갖고 싶은 것을 사지 못할 수도 있겠지요.

그래서 어린이도 경제에 대한 이해가 필요해요. 자신에게 생긴 돈을 스스로 관리하는 습관이 무엇보다 중요하지요. 그렇게 하면 쓸데 없는 곳에 돈을 함부로 써서 정작 나에게 꼭 필요한 것에 쓰지 못하는 일은 생기지 않을 거예요.

용돈을 모아 물건을 산 일을 떠올려 보세요. 용돈을 한번에 다 써 버린 적은 없었나요? 용돈을 아껴 쓰고 모아서 꼭 사고 싶은 것을 산 적이 있나요? 어린이들마다 용돈을 사용하는 습관이 다 다를 거예요. 또한 무엇을 하는 데 돈이 얼마큼 드는지 모르는 친구들도 많고요. 이번 기회에 스스로 용돈을 어떻게 사용하는지 생각해 봅니다. 또한 돈에 대한 자신만의 생각을 정리하여 봅시다.

생각 쓰기

돈이 많으면? 돈이 없으면?

돈에 대해 어떤 생각을 가지고 있나요? 돈을 어떻게 쓰는지 생각해 보면서 돈에게 편지를 써 보세요.

친구 생각

친구들의 생각을 들어 봅시다. - 진흥초등학교 5학년 강민정

돈에게

　돈아, 안녕? 난 민정이야. 너에게 내가 용돈 쓰는 방법을 알려줄게. 우선 나는 매주 용돈을 3,000원 받아. 그 돈은 주로 지갑에 비상금으로 가지고 있거나, 내가 원하는 물건을 사기도 해.

　설날이나 추석 같은 명절에 받은 용돈은 내 이름으로 된 3년 만기 적금 통장에 모두 저금을 하거나, 10%를 떼고 저금해. 예를 들어 5만 원을 받으면 5천 원은 남겨 두고 저금을 하지. 그리고 비상금이나 현금(명절 등 기타 용돈)으로 모은 돈은 아주 가끔 동생이나 친구들에게 맛있는 것을 사 주기도 하지. 그렇다고 용돈을 탕진하지는 않아. 부모님과 조부모님 생신 때 작은 선물을 사야 하거든.

　이렇게 가족이나 친구들에게 뭔가 사 주는 게 나만을 위해 사용한 돈보다 훨씬 더 뿌듯하고 기분이 좋아! 내가 용돈을 많이 받는 편은 아닌 것 같지만, 나는 돈을 헛되게 사용하지 않으려고 노력 중이고, 앞으로도 노력할 거야!

　　　　　　　　　　　- 너를 잘 쓰고 있는 민정이가

어려서부터 스스로 돈을 관리한 워런 버핏

　세계적인 부자로 손꼽히는 사람 중에 워런 버핏이라는 할아버지가 있어요. 뛰어난 투자자로 유명한 사람이에요. 그는 어떻게 큰 부자가 되었을까요?

　워런 버핏은 어려서부터 돈에 관심이 많았어요. 어려서부터 할아버지 슈퍼마켓에 놀러가 사람들이 물건을 사는 것을 보면서 어떻게 하면 이윤을 남길지 생각하게 되었지요. 그는 어린 나이에 장사를 시작하고 신문배달을 하면서 스스로 돈을 벌었어요. 껌, 우표, 콜라 등을 팔아 이익도 남겼지요.

　그가 돈에 대해 관심을 갖게 된 것은 아버지 덕분이에요. 워런 버핏의 아버지는 어려서부터 아들이 직접 용돈을 벌어서 쓰도록 했거든요. 그는 열한 살 때부터 주식 투자를 시작해서 돈의 흐름을 알게 되었어요.

　무엇보다 워런 버핏이 특별한 이유는 돈을 어떻게 써야 하는지 알고 있기 때문이에요. 그는 돈이 많은 사람은 세금을 더 많이 내야 한다고 주장하고, 어마어마한 액수의 돈을 기부해 어려운 사람들을 돕고 있어요.

　우리가 워런 버핏 이야기에 관심을 두는 이유는 단순히 돈이 많은 부자이기 때문이 아니에요. 자신이 번 돈을 잘 쓰기 때문이에요. 어릴 때부터 돈을 어떻게 벌고 사용해야 하는지 잘 배운 덕분이 아닐까요?

초등 국어/미술

22 내가 짓고 싶은 집

여러분은 집을 생각하면 무엇이 떠오르나요? 누구는 언제나 내가 쉴 수 있는 곳이라고 생각하고, 또 누구는 동화 《헨젤과 그레텔》에 나오는 과자 집을 떠올리기도 하지요.

사람은 누구나 자신이 살고 싶은 집에 대한 꿈이 있어요. 마당이 있었으면 좋겠고, 방도 여러 개 있어 자신만의 공간을 꾸미고 싶다고 말합니다. 넓은 아파트였으면 좋겠다거나, 또는 한옥에 살고 싶다고 말하는 사람도 있어요. 어떤 사람은 푸른 바다가 보이는 언덕 위에 하얀 집을 짓고

살고 싶다고 말하기도 해요.

　하지만 그거 아세요? 세상에서 가장 예쁘고 넉넉한 집은 바로 마음에 지은 집이에요. 에이, 그게 무슨 집이냐고요? 집이란 휴식을 취하고 쉴 수 있는 보금자리예요. 그런데 그런 쉼을 주는 곳이 바로 마음이거든요.

　마음에 지은 집이 어떤 집이냐에 따라 사람마다 다 다른 모습이 나타나요. 누군가는 항상 밝은 표정이지요. 이 친구의 집은 푸근한 솜사탕으

로 가득 차 있는 것 같아요. 또 어떤 친구는 항상 부드러운 표정을 짓고 있어요. 이 친구가 지은 마음의 집은 푹신푹신한 쿠션이 여기저기 깔려 있는 것 같아요.

아직 짓지 못해서 보여 줄 집이 없다고요? 마음의 집을 얼른 짓고 싶다고요? 마음의 집은 그 누구도 대신 지어 줄 수가 없어요. 자기 자신만 지을 수 있는 집이에요.

아직은 얼기설기 지어서 튼튼하지도 않고, 자기만의 느낌이 나지 않을 수도 있어요. 하지만 시간이 걸려도 그곳에서 행복할 수 있는 마음의 집을 잘 지어 보세요.

자, 지금부터 마음에 지을 집 재료를 구하러 떠나 볼까요?

마음속에 집을 지어요!

마음속에 짓고 싶은 집을 그려 보세요. 마음의 집을 어떻게 짓느냐에 따라 자신의 모습이 다르게 보일 수 있어요. 그러니 내 마음속 집은 생각을 많이 하고 지어야 해요.

그림을 다 그렸다면 친구들에게 집을 소개해 보세요. 왜 그런 집을 짓고 싶은지 그 이유도 함께 적어 보세요. 집의 이름도 지어 볼까요?

친구 생각

친구들의 생각을 들어 봅시다. – 김해 동광초등학교 5학년 안상현

이 집에는 크기를 마음대로 키웠다 줄였다 할 수 있는 버튼이 있다. 풍선 모양의 버튼을 누르면 나뭇잎과 태극기가 날개 역할을 해서 마음대로 날아갈 수 있고, 가고 싶은 곳에 도착하면 다운 버튼을 눌러서 그곳에 내려가서 다시 본래의 크기가 되는 집이다.

나는 어디든 마음대로 가고 싶을 때가 많지만, 집이 아니면 불편해서 고민이 있었다. 그래서 움직이는 집을 만들면 내가 가고 싶은 곳을 다 갈 수 있을 것 같아 이런 집을 상상해 보았다. 그리고 외국에 갈 때 한국인임을 알리고 싶어서 2층을 태극기 모양으로 만들었다.

교과서로 철학하기

집을 지으며 사랑을 실천하는 '해비타트'

우리나라뿐만 아니라, 세계에도 집 없는 사람들이 참 많아요. 집 없는 사람들에게 집을 지어 주는 봉사 단체가 있어요. 바로 해비타트랍니다. 해비타트는 서식지, 주거 환경, 보금자리라는 뜻이에요.

해비타트는 미국의 변호사 밀러드 풀러 부부가 만든 봉사 단체예요. 전 세계 곳곳에 집 없는 사람들에게 집을 지어 주는 활동을 해요. 1976년에 처음 만들었으니 벌써 30여 년 넘게 사람들을 위해 집을 짓고 있는 셈이지요. 그들은 집이 없는 사람들에게 새로운 꿈을 만들어 주는 활동을 벌였어요. 미국에서 시작된 이들의 활동은 이후 전 세계로 퍼져 나갔어요.

한국 해비타트도 1994년에 첫 발걸음을 내디뎠어요. 이후 우리나라뿐만 아니라, 인도나 동남아시아 지역에 가서 보금자리를 만들어 주고 있답니다. 집을 지어 주기까지는 정말로 많은 사람들의 도움과 정성이 모여야 한답니다. 후원자들이 집을 짓는 데 드는 비용을 후원하고, 또 수많은 자원봉사자들이 땀을 흘리며 집을 짓습니다.

대학생이나 직장인 등 다양한 봉사자들이 해비타트 운동에 참여하면서 더욱 활발하게 활동하고 있어요. 해비타트 운동은 사람들에게 단순히 집을 지어 주는 것을 넘어, 사람들의 꿈과 미래를 만들어 주는 운동이랍니다.

초등 실과/창의적 체험활동

23 체크 체크, 나만의 공부법

우리는 왜 공부를 해야 할까요?

학생이니 당연히 해야 하는 걸까요? 부모님께서 하라고 하니까 어쩔 수 없이 할까요? 훌륭한 어른이 되고 싶어서 하는 것일까요?

사람마다 공부를 하는 이유는 다 달라요. 하지만 대부분의 어린이가 공부를 왜 해야 하는지 정확한 답을 찾지 못했을 거예요. 우리는 지금 자신이 하고 싶은 공부가 무엇인지를 알아가는 단계예요. 과학 분야인지, 음악 분야인지, 동물과 식물을 기르는 것에 관한 것인지…. 아직까지 공부를 해야 하는 이유를 뚜렷하게 알지 못하지만, 어떤 방법으로 공부하고 있는지 스스로 한 번쯤 생각해 보면 좋을 것 같아요.

　공부는 부모님이 하라고 해서, 혹은 학교에서 하기 때문에 하는 거라고 생각하는 친구도 있을 거예요. 아마 대부분의 어린이들이 그럴 거예요. '나만의 공부법'이란 말도 낯설 것이고, 나만의 공부법이 있나 하는 생각도 들 거예요.

　책 읽기를 좋아하는 친구가 있나요? 책 읽기는 가장 권하고 싶은 습관 중 하나예요. 책이 전해 주는 다양한 이야기들은 그동안 알지 못했던 세상을 알게 해 주지요. 생각 그릇도 쑥쑥 키워 주고요.

　초등학생들이 가장 어려워하는 과목 중에 하나가 수학이

에요. 수학 공부를 할 때 무엇이 가장 중요하다고 생각하나요? 무엇보다 원리를 알아가는 것이겠지요. 문제 해결 능력도 필요하고요. 주어진 문제를 하나하나 해결하는 과정에서 중요한 것은 혼자 힘으로 문제를 풀어 보는 습관이에요. 한 문제를 풀더라도 풀이 과정이 맞는지 하나하나 따져 보는 습관말이에요.

그런데 대부분의 학생들은 답이 맞았는지에 더 관심을 두어요. 그것보다는 내가 어떤 과정을 통해 풀었는지, 다른 방법은 없는지 곰곰이 생각해 보는 습관을 가져 보세요.

이렇게 내가 조금 더 쉽고 재미있게 공부할 수 있는 방법을 찾다 보면, 나만의 공부법을 찾을 수 있을 거예요.

나만의 공부법을 공개합니다

나만의 공부법을 만들 때 꼭 필요한 것은 무엇일까요? 의자에 오랫동안 앉아 있는 습관이 필요하다고요? 한 가지 일에 집중해 보는 습관이 필요하다고요? 학습 플래너를 작성해 보는 것은요? 사실 정답은 없어요. 사람마다 다 다르지요. 중요한 것은 나만의 방법을 찾는 거예요. 자신이 생각하는 좋은 공부법을 적어 봅시다.

나만의 공부 계획 세우는 방법

생각을 키우기 위한 방법

나만의 수학 공부법

책 내용을 정리하는 방법

공부하기 싫을 때 쓰는 방법

사회 현상에 관심을 갖는 방법

친구 생각

친구들의 생각을 들어 봅시다. – 김해 동광초등학교 4학년 안수진

나만의 공부 계획 세우는 방법

주간 계획표와 일일 계획표를 만들어서 공부할 과목과 공부할 양을 정한다. 실천할 수 있는 범위 내에서 세운다. 잘 지키면 나에게 선물도 준다.

생각을 키우기 위한 방법

다양한 분야의 책을 읽고 다른 친구들이나 가족들과 이야기를 하거나, 독서 감상활동 등을 통해 내 생각을 정리해 본다.

나만의 수학 공부법

오답 공책을 만든다. 이 공책에 틀린 문제들을 정리해 놓고 다시 풀어 본다. 모르는 문제는 절대 그냥 넘어가지 않고 선생님이나 부모님에게 물어봐서 꼭 알고 넘어간다.

책 내용을 정리하는 방법

책의 줄거리를 글로 짧게 정리하거나 그림을 그린다. 줄거리가 있는 책은 사건이나 인물을 중심으로 정리해 보고, 줄거리가 없는 책은 핵심 단어 중심으로 정리한다.

공부하기 싫을 때 쓰는 방법

10분~20분만이라도 내가 하고 싶은 일을 한다. 주로 그림을 그리거나 색칠을 한다. 그래도 공부하기가 싫으면 부모님께 솔직하게 말씀드리고 논다.

사회 현상에 관심을 갖는 방법

가족들과 함께 뉴스를 자주 보면서, 우리 주변에서 일어나는 일에 대해 관심을 갖기 위해 노력한다.

교과서로 철학하기

무엇보다 좋은 공부는 생생한 체험이에요

살아가면서 가장 좋은 공부는 무엇일까요? 바로 체험이에요. 직접 눈으로 보고 살펴보며 알아가는 것이죠. 특히 초등학생들에게 체험학습은 공부를 하는 데 밑거름이 되지요. 여러 과목 중에서 체험학습을 권하고 싶은 과목은 역사예요. 역사 유적과 유물에 얽힌 이야기를 통해 우리 역사를 하나하나 배우다 보면, 자연스럽게 역사 공부의 재미를 알게 될 거예요. 또 유물이 전시된 박물관을 돌아보며 역사 속으로 풍덩 빠져 보세요.

박물관을 체험하는 방법을 소개할게요. 박물관은 자주 가는 것이 좋아요. 그런데 이때 한 번에 모두 다 보려고 하지 말고, 갈 때마다 딱 다섯 가지씩만 보는 거예요. 전시실을 한 곳만 정해 그곳에 전시된 유물들을 살펴보세요. 마음에 드는 유물이 있으면 한참을 살펴보며 그림으로 그려도 좋아요. 각각의 유물들이 어떻게 사용되었을지 상상도 해 보고요.

국립중앙박물관에 가면 '농경무늬 청동기'라는 유물이 있어요. 그 유물은 아주 작아요. 한 면에는 농기구로 밭을 갈고 있는 사람이 있고, 다른 면에는 나뭇가지 위에 앉아 있는 새가 새겨져 있어요.

이 농경무늬 청동기는 무엇에 쓰던 물건일까요? 학생들은 이 청동기를 살펴보며 다양한 생각을 해요. "구멍이 뚫린 것을 보니 끈을 꿰어 어딘가에 달았을 것이다." 또는 "창고 열쇠로 쓰였을 것 같다."고 말하는 친구도 있어요. 이렇게 직접 눈으로 보면서 자신의 생각을 펼쳐 보는 것이 역사적 상상력과 사고력을 키우는 지름길이랍니다.

145

24 평화를 꿈꾸는 아이

초등 사회/도덕

김대중 대통령과 김정일 국방위원장이 악수를 나누고 있는 모습, 노무현 대통령과 김정일 국방위원장이 악수를 나누는 모습을 본 적 있지요? 각각 2000년과 2007년에 열린 남북정상회담 때 모습이에요.

남한과 북한의 가장 중요한 인물이 만나 한반도의 평화를 위해 회담을 여는 장면은 우리 국민은 물론 전 세계에 감동을 주었어요. 1953년 정전협정이 맺어진 이후, 철조망에 가로막혀 분단되어 있던 남과 북이 이제는 평화와 통일로 한 걸음 나아가고 있는 모습이에요. 통일이 얼마 남지 않았다는 희망을 품을 수 있게 된 계기도 되었지요. 하지만 그런 기대는 그리 오래 가지 못했어요. 다시 남과 북의 사이가 안 좋아지면서, 전쟁의 위협을 느껴야만 했거든요.

그리고 10여 년 뒤, 2018년 다시금 평화의 분위기가 만들어졌어요. 남

한의 문재인 대통령과 북한의 김정은 국무위원장이 판문점에서 만난 거예요. 문재인 대통령이 북한을 방문하기도 했고요. 문재인 대통령이 판문점의 군사 분계선을 넘어 북쪽 땅으로 가는 모습은 감동이었지요. 그리고 판문점 공동 경비 구역에 있는 판문점 '도보다리' 벤치에 앉아 자연스럽게 대화하는 모습을 보며, 앞으로도 그런 모습을 자주 보기를 기대했어요.

2019년 4월, 판문점 선언 1주년을 기념해 강화에서 고성까지 500km의 평화누리길을 잇는 '평화 인간띠 잇기' 행사가 펼쳐졌어요. "꽃피는 봄날 DMZ으로 소풍 가자!"라는 구호를 내걸고 인간 띠가 이어졌지요. 곳곳에서 평화 인간띠 행사에 참여하고 있는 많은 사람들의 사진들이 SNS에 올라왔어요. 심지어 해외에 있는 동포들까지도 평화 인간띠를 잇는 사진을 올리기도 했어요.

사람들은 이 행사를 통해 평화의 중요성을 다시 한 번 알리고 싶었어요. 한반도 분단의 상징인 DMZ로 봄 소풍을 떠나고 싶은 희망을 전하고요. 노인과 어린이 할 것 없이 평화의 인간띠 잇기 행사에 참여하는 모습은 참 인상적이었어요. 평화를 향해 앞으로 한걸음씩 나아가는 모습을 말이에요.

살아가면서 가장 중요하게 지켜야 할 것 중 하나가 바로 평화가 아닐까요? 어린이 여러분은 어떻게 생각하세요?

친구들의 생각을 들어 봅시다. - ○○초등학교 학생 글

여러분이 본 평화의 장면에 대해 써 보세요.

제목: 내가 본 평화의 한 장면

오늘은 역사상 의미 있는 일이 있었다. 북한의 김정은 국무위원장과 미국의 트럼프 대통령이 만난 것이다. 만난 곳은 싱가포르였다. 트럼프 대통령은 김정은 국무위원장과 만난 뒤 정말 좋았다고 말했다고 한다.

나는 실시간 뉴스만 봐서 아직 구체적으로 어떤 일이 있었는지 모르지만, 왠지 남과 북이 통일될 수 있다는 설렘과 흥분이 가라앉지 않았다. 그러면서 이것저것 궁금한 것이 생겼다. 너무 앞선 생각일지도 모르지만, 통일이 된다면 북한에 있는 고려 유적지를 답사하며 책으로만 보았던 것을 눈으로 직접 보고 싶다. 백두산에도 꼭 가 보고 싶다.

전 세계에서 유일한 분단국가인 우리나라가 평화적인 통일을 이룬다면 좋은 점이 더 많을 것이다. 전쟁의 위험도 사라지고, 이산가족의 슬픔도 해결되고, 군대도 원하는 사람만 가도 될지 모른다.

나는 아직 어려서 통일을 위한 일들을 직접 할 수 없지만 마음으로 바랄 뿐이다. 한반도에 평화가 꽃피고 남과 북이 통일되기를 바란다.

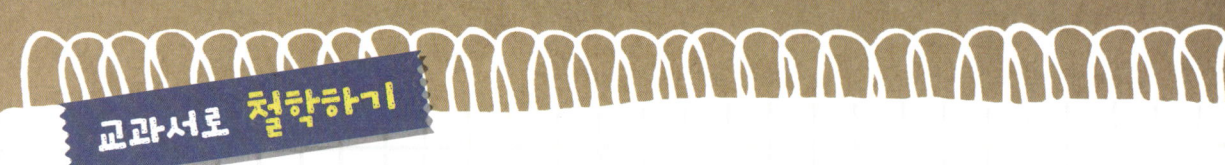

제주의 아픈 역사가 들려주는 평화의 중요성

　제주는 우리에게 아름다운 경치를 자랑하는 신비의 섬으로 알려져 있어요. 그런데 그런 제주에 슬픈 역사가 있어요.

　수많은 제주 도민이 죽어간 슬픈 역사는 다름 아닌 4·3 사건이에요. 1945년 우리나라가 광복을 맞이하고 일본이 물러간 자리에 미군정과 소련군이 들어와 다스리게 되었어요. 우리는 새로운 나라를 만들기 위해 여러 가지 노력을 했지만 쉽지 않았어요. 유엔에서는 남한만의 총선거 실시를 결정하며, 남과 북에 서로 다른 정부가 들어서게 될 상황이 되었지요. 김구 선생은 통일 정부를 수립하기 위해 다양한 노력을 했고, 선거에 참여하지 않기로 했어요.

　1948년 3월 1일 제주의 북초등학교에서 3·1절 기념집회가 열렸어요. 제주도민들은 3·1 운동의 정신을 이어받아 통일 정부를 수립하자고 구호를 외쳤지요.

　집회가 평화롭게 끝나고 집으로 돌아가는 길에 6살 어린이가 경찰의 말발굽에 쓰러졌어요. 그런데도 경찰은 사과를 하지 않았지요. 제주도민들은 죄 없는 사람을 죽인 경찰에 돌을 던지며 항의했고, 경찰들은 이를 폭동으로 여겨 총을 쏘아 6명이 사망했어요. 이것이 3·1절 기념집회 발포 사건이에요.

　분노한 도민들은 며칠 뒤 책임자를 처벌하라며 총파업을 하고 시위를 벌였어요. 그러자 경찰들과 서북청년회라는 사람들이 청년들을 잡아가 고문으로 죽게 만들었어요. 결국 1948년 4월 3일, 제주도민 350여 명의 무장대가 항의하며 경찰서를 습격했어요. 그들은 군인과 경찰 토벌대에 의해 죽고, 이후 마을이란 마을은 모두 불태워지는 끔찍한 사건으로 이어지게 됩니다.

북촌리 마을은 이틀 만에 400여 명이 죽어 나갔고, 어떤 마을은 남자란 남자는 모두 죽었지요. 경찰과 군인들에 의해 말이에요. 불타버린 마을에서는 선거가 정상적으로 치러질 수 없었고, 사람들을 선거를 방해한 세력이라고 몰아붙였어요. 수많은 사람들이 죄 없이 죽어갔는데도 제주도 사람들은 그 아픔을 오랫동안 드러내지 못했어요.
　이제는 진정한 평화를 위해 제주의 아픔을 기억해 주어야 해요. 죄 없이 죽어간 사람들의 넋을 위로하면서 말이에요.

25 나만의 버킷리스트

초등 도덕/국어/창의적 체험활동

'버킷리스트'는 죽기 전에 꼭 해 보아야 할 일의 목록이라는 뜻이에요. 영화의 제목이기도 하고요. 〈버킷리스트〉라는 영화에는 불치병에 걸려 앞으로 6개월밖에 살 수 없는 두 남자가 나옵니다. 두 남자는 각자 살아 온 모습이 너무도 다르고 생각도 달랐습니다. 하지만 둘의 공통점은 해 보고 싶은 것을 제대로 하지 못하고 살아 온 것이었지요. 억만장자의 사업가는 돈을 많이 벌고 사업도 성공했지만, 자신만의 생활은 없던 사람이에요. 또 한 사람은 가족을 먹여 살리기 위해 자신의 꿈을 포기한 사람이고요.

둘은 여행을 떠나기로 했어요. 그리고 그들은 여행을 떠나기 전에 각자 해 보고 싶은 것을 적었습니다.

- ☐ 멋진 광경 보기
- ☐ 낯선 사람 도와주기
- ☐ 눈물 날 때까지 웃기
- ☐ 스카이다이빙
- ☐ 세계 일주하기
- ☐ 로마, 홍콩 여행하기
- ☐ 타지마할, 피라미드 보기

둘은 여행을 하며 버킷리스트를 하나둘씩 지워 갔어요. 그러면서 큰 웃음을 짓기도 하고, 눈물을 흘리기도 했지요. 이 영화를 보면 진정한 행복이 무엇인지를 생각하게 된답니다.

여러분은 자신의 버킷리스트를 만들어 본 적이 있나요? 버킷리스트를 만들면서 진정한 행복이 무엇인지 생각해 보세요.

나만의 버킷리스트

버킷리스트는 살아가면서 꼭 하고 싶은 것을 말해요. 현재 버킷리스트와 미래의 버킷리스트를 써 보세요. 버킷리스트는 계속 변할 테니까요.

	현재 버킷리스트	미래 버킷리스트
1		
2		
3		
4		
5		
6		
7		
8		
9		
10		

 친구 생각

친구들의 생각을 들어 봅시다. – 대전 송촌초등학교 4학년 권혜주

	현재 버킷리스트	미래 버킷리스트
1	방탄소년단 앨범 100개 사기	라푼젤처럼 머리카락 길러 보기
2	방탄 숙소 가 보기	비행기 창문 열고 구름 만져 보기
3	방탄 지민이랑 춤 추기	구름 위에서 자 보기
4	수영장에서 24시간 동안 계속 놀기	사막 가 보기
5	대통령 만나 보기	달나라 가 보기
6	연어초밥 매일 먹기	별 따기
7	감기 걸릴 때까지 에어컨 틀기	
8	비행기 비즈니스석 타기	
9	연속해서 10번 100점 받기	
10		

교과서로 **철학하기**

버킷리스트를 이룬 선생님들

선생님의 꿈은 연극 배우였어요. 고등학교 때 연극반에서 활동했던 경험으로 연극을 하고 싶은 꿈을 가슴에 품고 살았지요. 하지만 살아가는 것이 늘 뜻대로만 되지 않았어요. 평생 동안 연극 배우를 하며 살 자신이 없었거든요. 그래서 그다음으로 하고 싶은 교사를 선택했어요. 그는 자신의 두 번째 꿈인 교사가 되어 학교에서 아이들을 가르치며 즐겁게 살았어요.

하지만 그는 자신이 하고 싶은 것을 늘 생각하면서 포기하지 않았지요. 기회가 있으면 연극을 하고 싶다고 늘 말했어요. 주위 사람들은 정년퇴임 후 꼭 연극 무대에 서 보라고 응원을 했어요. 대사 없는 '행인1' 역을 맡더라도 꼭 해 보라고 말이지요. 그리고 활짝 웃으라고요.

또 한 선생님은 어려서부터 바이올린을 좋아했어요. 초등학교 교사가 되어 초등학생들과 다양한 활동을 하며 즐겁게 살았지요. 하지만 마음속 버킷리스트인 바이올린을 연주하고 싶은 꿈은 버리지 않고 잘 간직했지요. 선생님은 62세의 나이에 드디어 바이올린을 배우기 위해 오스트리아로 가기로 결심했답니다.

어때요? 오랫동안 품어 온 버킷리스트를 이루기 위해 노력하는 모습이 대단해 보이지요?

26 어떤 직업을 갖고 싶나요?

초등 사회

　직업이란 사람들이 소득을 얻기 위해 하는 다양한 활동을 말해요. 우리는 직업을 갖고 일을 해서 얻게 되는 소득으로 살아가요. 그런데 직업을 갖고 생활하면서 단순히 소득만을 얻는 것이 아니라, 사회에서 필요한 역할을 하며 살아가지요.

　세상에는 수많은 직업이 있어요. 사회가 변화함에 따라 버스 안내양처럼 없어진 직업도 있고, 원예 치료사처럼 새로 생겨난 직업도 있지요. 기술이 발달하고 사회가 변화하면서 나타나는 현상이에요. 현재 직업들 중에는 미래에 사라질 직업이 많이 있어요.

　직업을 선택할 때 가장 고려해야 할 사항은 무엇일까요? 무엇보다 자신의 소질과 적성이에요. 아무리 겉으로 좋아 보이는 직업이어도 자신이 그 일을 하며 즐겁지 않으면 선택하기 전에 고민해 보아야 해요. 또 재미있다고만 선택할 수 있는 것도 아니고요.

자신이 그 직업을 갖고 계속 일할 수 있는 일인지 따져보아야 해요. 물론 중간에 바꿀 수도 있지만 쉬운 일은 아니니 신중해야 하지요.

전 국가대표 축구 선수 박지성은 어려서부터 자신의 소질과 능력을 키워 원하는 꿈을 이루었어요. 그는 축구하는 게 가장 즐겁고 좋았어요. 반드시 훌륭한 축구 선수가 되고 싶었던 그는 피나는 연습을 했다고 해요. 아버지께 축구를 하지 말라는 말을 듣는 것이 가장 무서운 일이었대요. '축구 연습은 고되고 힘들지만, 국가대표라는 꿈을 위해 고달픔 정도는 충분히 참을 수 있다.'는 내용의 일기가 참 인상적이었어요.

어떤 직업을 갖고 싶으냐고 물으면, "잘 모르겠어요."라고 대답하는 친구들이 꽤 많아요. 또 부모님이 원하는 직업을 자신이 원하는 직업으로 생각하는 친구들도 있어요.

지금부터라도 어떤 직업을 갖고 싶은지 곰곰이 생각해 보세요.

  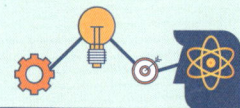

나는 커서 무엇이 될까요?

꿈이 너무 많아서 걱정이라고요? 꿈이 자꾸 변해서 걱정이라고요? 걱정하지 마세요! 꿈이 많고 자꾸 변하는 것은 정상이랍니다. 여러분이 갖고 있는 재능이나 뭔가를 했을 때 몰입하거나 재미있는 게 있지요? 그것을 직업과 연결해 보세요. 알고 있는 직업이 별로 없다면 진로정보망 커리어넷(http://www.career.go.kr) 홈페이지에 가서 직업의 종류를 찾아보세요. 현재 자신의 적성과 소질을 바탕으로 직업과 연결해 보고, 직업의 장점, 그 직업을 갖기 위해 지금 내가 할 수 있는 일을 정리해서 써 봅시다.

나의 재능이나 좋아하는 것	연결되는 직업	직업의 장점	지금 내가 할 수 있는 것

친구 생각

친구들의 생각을 들어 봅시다. - ○○초등학교 학생 글

나의 재능이나 좋아하는 것	연결되는 직업	직업의 장점	지금 내가 할 수 있는 것
상대방이 모르는 것을 가르쳐 주는 일을 좋아한다.	선생님	매일 가르칠 수 있다. 공무원이라 안정적인 직업이다.	공부를 할 때 무조건 외우지 않고, 누군가에게 설명할 수 있도록 정확하게 이해하는 습관을 갖는다.
음식 만드는 것을 좋아한다.	요리사	계속 새로운 음식을 만들 수 있어 나만의 개성을 살릴 수 있다.	엄마가 요리하실 때 도와드리거나, 요리 프로그램을 열심히 본다.
춤과 노래를 좋아한다.	아이돌	사람들 앞에서 나의 재능을 펼칠 수 있다. 인기가 좋으면 돈을 많이 벌 수 있다.	일주일에 한 곡씩 노래와 춤을 연습한다. 아이돌이 나오는 유튜브를 시청한다.

교과서로 철학하기

농부를 꿈꾸는 소년

　어린이들은 운동선수, 연예인, 교사, 파일럿, 의사, 변호사 등 다양한 직업을 꿈꾸지요. 도시의 초등학교는 물론이고, 시골에 있는 초등학교의 학생들 중에서도 자신의 꿈이 '농부'라고 말하는 사람은 거의 없어요.

　그런데 특별한 소년이 한 명 있어요. 소년은 직접 트랙터를 몰아요. 소도 키우고 자신의 땅에서 농사를 짓고 있어요. 학교는 안 다니냐고요? 학교를 다니면서 농사를 배우고 있어요.

　한창 게임에 빠지고 친구들과 노는 게 좋을 나이지만, 이 소년은 농사짓는 게 좋다고 해요. 큰 농장을 갖고 농사를 짓는 농부가 꿈이고요. 심지어 자식에게도 농사를 물려주고 싶대요. 농촌에 노인들만 사는 모습을 보면서 자기만이라도 농촌을 지키며 농사를 짓겠다고 다짐했어요.

　이 소년의 말을 듣고 있으면 '정말 고등학생이 맞나?' 하는 생각이 들어요. 우리 사회에도 먹거리와 땅의 소중함을 아는 청소년들이 많았으면 좋겠어요. 식량을 생산하는 농업이 튼튼하게 자리 잡고 있어야 이 사회가 더욱 건강해질 테니까요.

27 나 자신을 사랑해요!

초등 도덕

러브 유어 셀프(Love your self)! 이 말은 자기 자신을 사랑하라는 뜻이에요. 우리가 살아가면서 가져야 할 가장 중요한 자세 중 하나이지요. 나 자신을 사랑할 줄 아는 사람만이 다른 사람을 배려하고 받아들일 수 있어요. 자신을 사랑할 줄 모르는 사람은 세상을 늘 부정적으로 보면서, 스스로 만족하지 못한 채 나와 다른 사람의 부족한 점만 보지요.

그런데 자기 스스로에 대한 사랑은 무엇을 통해 가능할까요? 여기서 한 아이돌 가수의 이야기를 들려드릴게요. 한 아이돌 그룹의 리더인 그는 이런 이야기를 했어요.

다른 사람이 나를 어떻게 생각할지 걱정하지 말고, 다른 사람의 기준에 나를 맞추기보다 내가 생각하는 기준에 맞추어 나를 만들어 가면 된다고요. 나를 다른 사람이 만들어 놓은 틀에 넣거나 가두지 말아야 하며,

나 자신의 목소리를 내기 시작해야 한다고 했어요. 무엇을 해야 할지 모르는 상황이 오면 자신의 마음속에서 들리는 소리를 잘 들어야 한대요. 자신의 마음에서 들린 것은 음악이었다고 해요!

음악이 자신의 이름을 불러 주었을 때, 비로소 그는 자신을 바라보게 되었어요. 자신이 진정으로 무엇을 원하는지 말이에요. 그리고 자신을 사랑하게 되었다고 합니다.

그는 전 세계에 있는 자신의 팬들과 청소년들을 향해 외치고 있어요. 너 자신을 사랑하라고요. 별 거 아닌 것 같은 이 말은 전 세계인들에게 마치 주문처럼 전해졌어요. 사람들은 이제 그가 속한 그룹의 노래를 따라 부르며 희망을 이야기해요.

그리고 한 가지 더 있어요. 작은 것들도 소중히 여기라고요. 작은 것들을 소중히 여기고, 자기 자신을 사랑할 줄 아는 사람! 어때요? 여러분도 자신의 마음속 이야기에 귀를 기울이고 있나요? 그 누구보다 자신을 사랑하고 있나요?

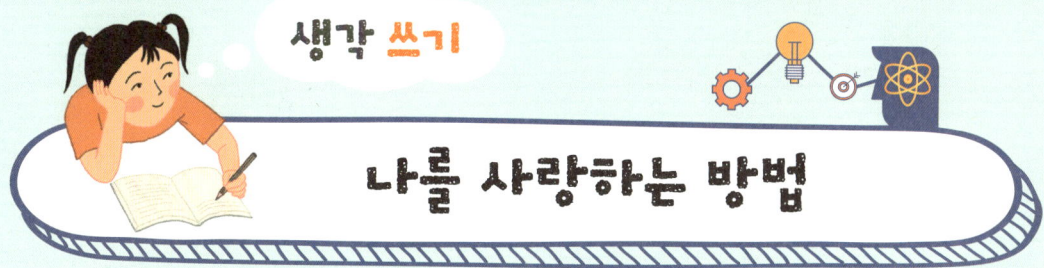

나를 사랑하는 방법

나는 나 자신을 사랑하나요? 나 자신을 사랑하려면 어떻게 해야 할까요? 있는 그대로의 나를 사랑해 보세요. 마음에 들지 않는 모습의 나도, 마음에 드는 나도 말이에요. 내가 사랑하는 나의 모습을 적어 보세요.

내가 좋아하는 나의 모습

친구 생각

친구들의 생각을 들어 봅시다. - ○○초등학교 학생 글

내가 좋아하는 나의 모습

성격이 쿨하다.
그래서 화를 잘 안 낸다.

잘 못하는 게 있어도
자신감을 갖고
해 보려고 노력한다.

계획한 것은
꼭 하려고 노력한다.

그림을 잘 그리는 편이다.
심심할 때마다 그림을 그리며
시간을 보낸다.

사람들에게
생각이 깊다는
말을 듣는다.

잘 웃는다.
그래서 '해피 바이러스'라는
별명이 있다.

교과서로 철학하기

자신을 사랑하는 법을 가르쳐 준 설리번 선생님

시각장애와 청각장애로 앞을 보지 못하고, 말을 듣거나 하지도 못하는 엄청난 장애를 갖고 최초로 대학 교육을 받은 사람이 있어요. 바로 헬렌 켈러예요. 장애를 가지고 대학을 졸업한 것이 그렇게 대단한 일이냐고요? 지금은 그런 경우가 많지만 1900년대 초에는 굉장히 드문 일이었어요.

헬렌 켈러는 태어난 지 19개월 때 심한 열병을 앓았어요. 병은 나았지만 그로 인해 볼 수도, 들을 수도, 말할 수도 없었어요. 7살 때까지 제대로 교육받지 못한 그녀는 사람들과 소통을 할 수 없었어요. 제멋대로 행동하였죠. 그런데 7살 때 만난 설리번 선생님이 그녀를 변화시켰고, 20세기의 기적이란 말을 듣게 만들었지요.

설리번 선생님은 헬렌 켈러를 어떻게 가르쳤을까요? 선생님은 단어의 철자를 헬렌 켈러의 손바닥에 적어 주며 가르쳤어요. 또 물을 손바닥에 적셔 주며 '물'이라는 단어를 다른 쪽 손에 써 주었지요. 그런 선생님의 노력 덕분에 그녀는 장애학교를 거쳐, 레드클리프 대학교에 입학했어요.

이후 헬렌 켈러는 장애인들에 희망을 주는 활동과 여성과 인종 차별에 반대하는 사회 운동을 활발하게 벌였어요. 장애를 가진 그녀가 그렇게 살 수 있었던 이유는 자기 자신에 대한 사랑 때문이었어요. 자신에 대한 사랑이 가능했던 것은 자신을 사랑해 주고 아껴 준 설리번 선생님 덕분이었고요.

초등 한국사 | 진로역사스쿨

살아 있는 역사 꿈이 되는 직업

이 책을 소개합니다!

이 책은 고조선부터 조선까지 역사적 사건, 유물, 발명품, 건축물, 위인의 성품이나 업적, 전통 음식 등의 다양한 역사적 요소를 미래 유망 직업과 연결하여 구성했습니다. 예를 들어, 조선 시대 궁궐 안에 있는 동물 조각상의 의미를 통해 '이모티콘 디자이너', 날씨와 땅의 모양을 철저히 분석해서 전쟁을 승리로 이끈 이순신 장군의 능력을 통해 '빅데이터 전문가'라는 각 직업의 특징, 적성과 준비 방법, 연관 직업을 배우고, 그 직업이 하는 일을 구체적으로 체험해 보는 책이에요. 자, 책 속으로 한 걸음 더 들어가 볼까요?

글 **박정화** | 그림 **김은주** | 감수 **김명선**
값 11,500원

---

01 5개의 분야별 직업이 28개 들어 있어요!

직업군을 크게 5가지로 나누어 구성했어요. 1장 인문/사회, 2장 건축/공학/의학, 3장 문화/예술, 4장 패션/뷰티, 5장 법률/공공 서비스와 관련된 직업 28개와 연관 직업을 상세히 수록했어요.

⭐ **중요** 내가 알고 있던 분야와 직업이 일치하나요?
알고 있었던 것과 다른 점을 알아보아요.

학교 현장에서 나온 **자유학년제 수업안**

4차 산업혁명 시대 **미래 유망 직업 수록**

재미있는 **직업 탐색 워크북** 28개 수록

02 재미있는 역사 이야기가 들어 있어요!

고조선부터 조선까지 역사적 사건, 유물, 발명품, 건축물, 위인의 성품이나 업적, 전통 음식 등의 다양한 역사적 요소를 미래 유망 직업과 연결하여 구성했어요.

⭐ **중요** 역사 속에 숨어 있는 이야기와 직업이 어떻게 연결되는지 알아보아요.

03 직업에 대해 자세히 설명해 줘요!

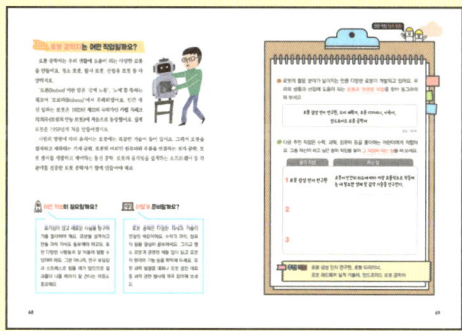

직업의 특징과 적합한 적성, 직업의 준비 방법에 대해 자세히 설명되어 있어요. 또한 해당 직업과 관련된 연관 직업에 대해 알면 꿈을 확장시킬 수 있어요.

⭐ **중요** 세상에는 우리가 아는 것보다 더 많은 일과 직업이 있어요. 함께 생각해 보아요.

04 다양한 직업 체험이 들어 있어요!

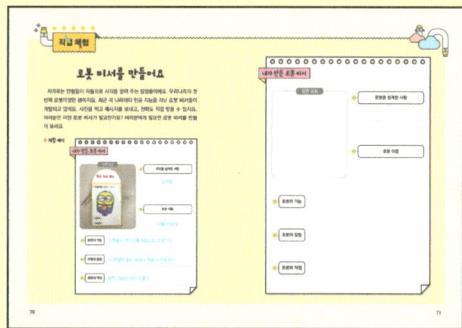

어린이 눈높이에 맞게 해당 직업인의 업무를 직접 체험할 수 있어요. 어떤 일을 하는 직업인지 정확히 알 수 있도록 구성하여 직업과 일에 대한 이해도를 높일 수 있어요.

⭐ **중요** 직업 체험을 하다 보면 알지 못했던 나의 재능과 장점을 발견할 수 있어요. 나의 재능을 찾아보아요.